HELGE SODAN (Hrsg.)

Krankenkassenreform und Wettbewerb

Schriften zum Gesundheitsrecht

Band 2

Herausgegeben von Professor Dr. Helge Sodan,
Freie Universität Berlin,
Präsident des Verfassungsgerichtshofes des Landes Berlin

HELGE SODAN (Hrsg.)

Krankenkassenreform und Wettbewerb

Vorträge im Rahmen
der 2. Berliner Gespräche zum Gesundheitsrecht
am 3. und 4. Juli 2003

Duncker & Humblot · Berlin

Bibliografische Information Der Deutschen Bibliothek

Die Deutsche Bibliothek verzeichnet diese Publikation in der Deutschen Nationalbibliografie; detaillierte bibliografische Daten sind im Internet über <http://dnb.ddb.de> abrufbar.

Fremddatenübernahme und Druck:
Berliner Buchdruckerei Union GmbH, Berlin
Printed in Germany

ISSN 1614-1385
ISBN 3-428-11386-1

Gedruckt auf alterungsbeständigem (säurefreiem) Papier
entsprechend ISO 9706 ♾

Internet: http://www.duncker-humblot.de

Vorwort

Der vorliegende Band 2 der Schriften zum Gesundheitsrecht gibt die Vorträge wieder, welche im Rahmen der 2. Berliner Gespräche zum Gesundheitsrecht am 3. und 4. Juli 2003 im Hotel Hilton Berlin gehalten wurden. Diese Veranstaltung befasste sich mit dem unverändert aktuellen Thema „Krankenkassenreform und Wettbewerb“. Kurz zuvor fanden am selben Ort die 1. Berliner Gespräche zum Gesundheitsrecht statt mit dem Generalthema „Finanzielle Stabilität der gesetzlichen Krankenversicherung und Grundrechte der Leistungserbringer“. Die entsprechenden Vorträge sind im Band 1 der Schriften zum Gesundheitsrecht veröffentlicht. Auf die beiden ersten Veranstaltungen folgten die 3. Berliner Gespräche am 15. und 16. September 2003 über „Zukunftsperspektiven der vertragszahnärztlichen Versorgung“ sowie die 4. Berliner Gespräche zum Gesundheitsrecht am 25. Oktober 2004 über „Die sozial-marktwirtschaftliche Zukunft der Krankenversicherung“. Die diesbezüglichen Tagungsbände befinden sich in Vorbereitung und werden ebenfalls in die Schriften zum Gesundheitsrecht aufgenommen werden.

Bei den Berliner Gesprächen zum Gesundheitsrecht handelt es sich um eine neue Reihe wissenschaftlicher Tagungen der Freien Universität Berlin. Entsprechend dem interdisziplinären Ansatz führen diese Veranstaltungen zu Diskussionen grundlegender Fragen insbesondere aus juristischer, ökonomischer, politischer und heilkundlicher Sicht. Mit fundierter verfassungs- und europarechtlicher Kritik an so genanntem einfachem Gesetzesrecht sowie mit konzeptionellem, interdisziplinärem Denken über die Weiterentwicklung des Gesundheitsrechts sollen Anstöße u. a. für die dringend notwendigen Strukturreformen im Bereich der Krankenversicherung gegeben werden.

Auch der Einladung zu den 2. Berliner Gesprächen zum Gesundheitsrecht sind viele herausragende Experten gefolgt. Unter den Teilnehmern dieser Tagung befanden sich Mitglieder des Deutschen Bundestages und des Abgeordnetenhauses von Berlin, Vertreter des Bundesministeriums für Gesundheit und Soziale Sicherung, des Bundesversicherungsamtes und der Bundesanstalt für Angestellte, Richter aus der Verfassungs-, Sozial- und Verwaltungsgerichtsbarkeit, Rechts- und Wirtschaftswissenschaftler, Vertreter der Medien, Repräsentanten der gesetzlichen und privaten Krankenversicherung, darunter Vorstände von Krankenkassen und der Verbandsdirektor sowie ein Geschäftsführer des Verbandes der privaten Krankenversicherung e. V., zahlreiche Vertreter ärztlicher und zahnärztlicher Organisationen des öffentlichen sowie privaten Rechts, Repräsentanten der pharmazeutischen Industrie und Rechtsanwälte.

Für vielfältige Unterstützung bei der Konzeption, Vorbereitung und Durchführung der Tagung danke ich besonders meinem langjährigen wissenschaftlichen Mitarbeiter *Olaf Gast.* Ein herzlicher Dank für organisatorische Hilfe gebührt ferner meiner Sekretärin *Astrid Tüzel* und meiner Mitarbeiterin *Sophia Rogall,* letzterer überdies für die umsichtige redaktionelle Bearbeitung des vorliegenden Tagungsbandes.

Berlin, im November 2004 *Helge Sodan*

Inhaltsverzeichnis

Krankenkassenreform und Wettbewerb – eine Einführung

Von Helge Sodan

Nachdem der Bundeskanzler in seiner Regierungserklärung am 14. 03. 2003 vor dem Deutschen Bundestag darauf hingewiesen hatte, dass die Reform der gesetzlichen Krankenversicherung (GKV) „der wichtigste, auch notwendigste Teil der innenpolitischen Erneuerung" sei[1], sah man mit Spannung der Vorlage eines entsprechenden Gesetzentwurfs entgegen. Dieser erfolgte seitens der Fraktionen der SPD und Bündnis 90 / Die Grünen am 16. 06. 2003. Der von ihnen in den Deutschen Bundestag eingebrachte Entwurf eines Gesetzes zur Modernisierung des Gesundheitssystems (Gesundheitssystemmodernisierungsgesetz – GMG)[2] wurde gemeinsam mit kritischen Anträgen aus den beiden Oppositionsfraktionen[3] in einer auf mehrere Tage verteilten öffentlichen Anhörung vom 23. bis 30. 06. 2003 mit Verbänden und Einzelsachverständigen im Ausschuss für Gesundheit und Soziale Sicherung beraten. Der zehnte und gleichzeitig letzte Komplex dieser öffentlichen Anhörung hatte die verfassungsrechtlichen Aspekte der Reform zum Gegenstand.[4]

Unmittelbar im Anschluss an die intensive öffentliche Anhörung, in der von vielen Seiten erhebliche Kritik am Gesetzentwurf geäußert worden war, kam es zu einer deutlichen Änderung des ursprünglichen Zeitplans, der für die Beratungen des einschließlich der Begründung 380 Seiten umfassenden Gesetzentwurfs gerade einmal drei Wochen vorgesehen hatte. Die umgehend aufgenommenen so genannten „Konsensgespräche", an denen Repräsentanten der Bundestagsfraktionen von SPD, CDU / CSU, Bündnis 90 / Die Grünen und FDP, die Bundesministerin für Ge-

---

1 http: / / www.bundesregierung.de / regierungserklaerung,–472179 / Regierungserklaerung-von-Bunde.htm.

2 BT-Drucks. 15 / 1170.

3 Siehe den Antrag der Abgeordneten Annette *Widmann-Mauz,* Andreas *Storm,* Wolf *Bauer,* weiterer Abgeordneter und der Fraktion der CDU / CSU „Für ein freiheitliches, humanes Gesundheitswesen – Gesundheitspolitik neu denken und gestalten" vom 17. 06. 2003 (BT-Drucks. 15 / 1174) sowie den Antrag der Abgeordneten Dieter *Thomae,* Detlef *Parr,* Heinrich L. *Kolb,* weiterer Abgeordneter und der Fraktion der FDP vom 18. 06. 2003 (BT-Drucks. 15 / 1175).

4 Siehe Ausschuss für Gesundheit und Soziale Sicherung, Wortprotokoll, 31. Sitzung vom 30. 06. 2003, Protokoll Nr. 15 / 31, S. 69 ff. Siehe ferner die zu dieser Sitzung eingereichte Schriftliche Stellungnahme des Sachverständigen Helge *Sodan,* Ausschussdrucks. 0248(96) vom 30. 06. 2003.

sundheit und Soziale Sicherung sowie Vertreter der Länder beteiligt waren, führten nach langen Verhandlungen schließlich am frühen Morgen des 21. 07. 2003 zur Vereinbarung der „Eckpunkte der Konsensverhandlungen zur Gesundheitsreform“[5]. Diese Eckpunkte bildeten die Grundlage für den am 08. 09. 2003 in den Deutschen Bundestag eingebrachten Entwurf eines Gesetzes zur Modernisierung der gesetzlichen Krankenversicherung (GKV-Modernisierungsgesetz – GMG)[6]. Mit diesem Namen und verhältnismäßig wenigen inhaltlichen Änderungen[7] wurde der Entwurf in den nachfolgenden Wochen vom Bundestag mit Zustimmung des Bundesrates beschlossen.

Das GMG vom 14. 11. 2003[8] enthält Regelungen in Bezug auf insgesamt 34 Parlamentsgesetze und Rechtsverordnungen;[9] eine tiefgreifende Krankenkassenreform hat es aber nicht zum Gegenstand. Dies gilt besonders für den so genannten Risikostrukturausgleich (RSA), dessen Regelungen in den §§ 266 bis 269 und § 313a SGB V – von geringfügigen Ausnahmen abgesehen[10] – unangetastet blieben. Damit aber entzieht sich das GMG der dringend benötigten Reform des RSA. Durch dieses Instrument werden mittlerweile jährlich etwa 15 Mrd. € unter den Krankenkassen umverteilt; davon profitieren insbesondere Allgemeine Ortskrankenkassen.[11] Es gibt „Empfängerkassen“, die niedrigere Beitragssätze haben als „Zahlerkassen“. Der Gesetzgeber hat für die Krankenkassen, die mit teilweise bis zu 70% ihres Beitragsaufkommens den RSA finanzieren, keine Belastungsgrenzen vorgesehen. Einige Krankenkassen befinden sich infolge ihrer sich aus den Regelungen des RSA ergebenden Zahlungspflichten mittlerweile in existenziellen Schwierigkeiten. Als vom Gesetzgeber zu regelnde Belastungsgrenzen kommen das Verbot der Umkehr der Finanzkraftreihenfolge und das Nivellierungsverbot in Betracht. Dabei handelt es sich um Maßstäbe, welche vom Bundesverfassungsgericht für den Finanzausgleich der *Länder* entwickelt wurden[12] und die auf den

---

5 Siehe dazu *Sodan,* Helge, „Gesundheitsreform“ ohne Systemwechsel – wie lange noch?, in: NJW 2003, 2581 ff.

6 BT-Drucks. 15 / 1525. Siehe ferner den kritischen Antrag der Abgeordneten Dieter *Thomae,* Detlef *Parr,* Heinrich L. *Kolb,* weiterer Abgeordneter und der Fraktion der FDP „Zukunft gestalten statt Krankheit verwalten“, BT-Drucks. 15 / 1526 vom 08. 09. 2003.

7 Siehe dazu die Beschlussempfehlung des Ausschusses für Gesundheit und Soziale Sicherung vom 24. 09. 2003, BT-Drucks. 15 / 1584, S. 6 ff.

8 BGBl. I, 2190.

9 Siehe zu ausgewählten Problemen *Sodan,* Helge, Die gesetzliche Krankenversicherung nach dem GKV-Modernisierungsgesetz – Zehn Thesen zur Gesundheitsreform, in: GesR 2004, 305 ff.

10 Siehe Art. 1 Nr. 152a und 153 GMG.

11 Siehe zu den sich daraus ergebenden Rechtsproblemen im Einzelnen *Sodan,* Helge / *Gast,* Olaf, Der Risikostrukturausgleich in der gesetzlichen Krankenversicherung als Verfassungsproblem, in: NZS 1999, 265 ff.; *dies.,* Der Risikostrukturausgleich in der GKV als Quadratur des Kreises, in: VSSR 2001, 311 ff.; *dies.,* Umverteilung durch „Risikostrukturausgleich“. Verfassungs- und andere Rechtsprobleme des Finanztransfers in der Gesetzlichen Krankenversicherung, 2002.

durchaus vergleichbaren Finanzausgleich der *Krankenkassen* sinngemäß übertragen werden können. Danach ist vor allem die Nivellierung der Finanzkraft öffentlich-rechtlicher Körperschaften durch Umverteilungen verboten.

In dem Antrag der Abgeordneten Annette Widmann-Mauz, Andreas Storm, Wolf Bauer, weiterer Abgeordneter und der Fraktion der CDU / CSU vom 17.06. 2003 heißt es: Der RSA „ist so zu modifzieren, dass von ihm keine fehlsteuernden Anreize ausgehen, die Morbidität der Versicherten differenzierter als im geltenden Recht berücksichtigt und sein Volumen nicht weiter ausgedehnt wird."[13] Der Antrag der Abgeordneten Dieter Thomae, Detlef Parr, Heinrich L. Kolb, weiterer Abgeordneter und der Fraktion der FDP vom 18.06.2003 beinhaltet u. a. die Aufforderung der Bundesregierung durch den Deutschen Bundestag, die „Verfeinerung des Risikostrukturausgleichs in Richtung Morbiditätsorientierung aufzugeben und stattdessen das Volumen des heutigen RSA kontinuierlich zurück zu fahren".[14] Beide Anträge bringen damit Problembewusstsein im Hinblick auf Veränderungen der Regelungen des RSA zum Ausdruck.

Dieses Problembewusstsein lässt das GMG jedoch vermissen. Insbesondere greift es nicht die deutlichen Anregungen des 12. Senats des Bundessozialgerichts auf, welche in – den RSA betreffenden – Urteilen vom 24.01.2003 gegenüber dem Gesetzgeber formuliert sind; darin heißt es u. a.:

> „Es gibt Anzeichen dafür, dass die Akzeptanz des RSA ungeachtet seiner Verfassungsmäßigkeit ... darunter leidet, dass die Umverteilung ‚in ihrer Spitze' zu schwer verständlichen Folgen führt. Einige bundesunmittelbare Zahlerkassen machen geltend, dass sie neuerdings infolge der Ausgleichszahlungen *höhere Beiträge* erheben müssten als landesunmittelbare Empfängerkassen, ohne dass hierfür Unterschiede im wirtschaftlichen Verhalten ursächlich seien. Zahlerkassen verlören insofern wegen eigener Ausgleichszahlungen Mitglieder an solche Empfängerkassen. Sofern dieses zutrifft, wäre eine gewisse Begrenzung des RSA zu erwägen. Früher war im KVdR-Finanzausgleich nach negativen Erfahrungen mit einem Totalausgleich ab 1989 ein Eigenanteil der einzelnen Kassen an den ausgleichsfähigen Ausgaben eingeführt worden (*§ 269 Abs 2 SGB V aF*). Der RSA ist zwar mit dem KVdR-Finanzausgleich nicht vergleichbar. Doch könnte auch hier eine dem RSA gemäße Begrenzung zur Behebung der genannten Erscheinung erwogen werden."[15]

Eine Entscheidung des Bundesverfassungsgerichts über die Verfassungsmäßigkeit der RSA-Regelungen steht noch aus; seit mehreren Jahren sind dort beim Zweiten Senat Normenkontrollverfahren aufgrund von Anträgen der Bayerischen Staatsregierung sowie der Landesregierungen von Baden-Württemberg und Hessen anhängig.

Mit den vielfältigen Problemen, die sich im Hinblick auf den RSA insbesondere aus rechtlicher Sicht stellen, beschäftigt sich der nachfolgende Beitrag von Ferdi-

---

12 Siehe BVerfGE 101, 158 (221 ff.).

13 BT-Drucks. 15 / 1174, S. 8.

14 BT-Drucks. 15 / 1175, S. 5.

15 BSGE 90, 231 (260).

nand Kirchhof, der die Frage untersucht, ob der RSA zu einem Ausstieg aus dem Krankenkassenwettbewerb führt. Dabei spannt er einen weiten Bogen von der Grundidee des RSA bis zu den dagegen bestehenden verfassungsrechtlichen Bedenken.

Im Anschluss daran erörtert Manfred Schulz aus der Perspektive des Vorstandes einer großen Betriebskrankenkasse, die als „Zahlerkasse" durch den RSA erheblich betroffen ist, Möglichkeiten und Grenzen eines Wettbewerbs in der Krankenversicherung. Er sieht als Folge des RSA einen verzerrten Wettbewerb auf der Einnahmeseite und einen zu geringen Wettbewerb auf der Ausgabenseite.

Angesichts der Tatsache, dass gegenwärtig viele gesetzliche Krankenkassen erheblich verschuldet sind, kommt der Frage, inwieweit die Krankenkassenreform nach dem GMG zur Stärkung von Wirtschaftlichkeit und Selbstverwaltung beiträgt, besondere Bedeutung zu. Diesem Thema ist der Beitrag von Rainer Pitschas gewidmet. Seine sozialrechtliche und verwaltungswissenschaftliche Analyse des GMG zeigt beträchtliche Wirtschaftlichkeitsdefizite auf. Nach Auffassung von Pitschas dient ein Kassenarten übergreifender Zusammenschluss von Krankenkassen zu größeren Einheiten, die auf Dauer wettbewerbs- und leistungsfähig sind, einer vernünftigen Finanzierungsvorsorge, um die Kassenhaftung bei Zahlungsunfähigkeit zu realisieren. Pitschas sieht im GMG einen Beitrag dazu, dass die „Gemeinsame Selbstverwaltung" die mit dem Organisationstypus der Selbstverwaltung traditionell verbundenen Vorstellungen verfehlt.

Gedanken zur aktuellen Lage und Zukunft der GKV aus politischer Sicht trägt Hildegard Müller vor. Sie fordert eine Trennung der Gesundheitskosten von den Arbeitskosten, um einen entscheidenden Schritt für mehr Wachstum und Beschäftigung zu gehen sowie die Verteilungsfrage zielgenau zu lösen, und unterstützt damit das von der CDU entwickelte so genannte Prämienmodell. Es sei dringend notwendig, die heutige GKV in ein kapitalgedecktes, einkommensunabhängiges und erheblich demographiefesteres System zu überführen. Müller befürwortet die Einführung des in der privaten Krankenversicherung (PKV) üblichen Kostenerstattungsprinzips auch in der GKV.

Eine Reform der *gesetzlichen* Krankenkassen berührt fast zwangsläufig auch das Verhältnis zu den *privaten* Krankenversicherungsunternehmen. Dies zeigte sich bereits vor Erlass des GMG etwa am Beispiel des so genannten Gesetzes zur Sicherung der Beitragssätze in der gesetzlichen Krankenversicherung und in der gesetzlichen Rentenversicherung (Beitragssatzsicherungsgesetz – BSSichG) vom 23. 12. 2002[16]. Dieses Gesetz hielt eine Mehrheit im Deutschen Bundestag für erforderlich, „um die Finanzgrundlagen der gesetzlichen Kranken- und Rentenversicherung zu stärken, das Beitragssatzniveau zu stabilisieren und insbesondere im Bereich der gesetzlichen Krankenversicherung finanziellen Spielraum für notwendige strukturelle Reformmaßnahmen zu schaffen"[17]. Das BSSichG, dem der Bundesrat

[16] BGBl. I, 4637.

seine Zustimmung verweigerte, hob die Versicherungspflichtgrenze in der GKV deutlich an. Bislang waren Arbeiter und Angestellte – mit Ausnahme der Seeleute – versicherungsfrei, wenn deren regelmäßiges Jahresarbeitsentgelt 75% der Beitragsbemessungsgrenze in der Rentenversicherung der Arbeiter und Angestellten überstieg (§ 6 Abs. 1 Nr. 1 SGB V a. F.). Danach lag die Versicherungspflichtgrenze im Jahre 2002 bei 40.500 Euro (West) bzw. 33.750 Euro (Ost). Nunmehr sind diejenigen Arbeiter und Angestellten versicherungsfrei, deren regelmäßiges Jahresarbeitsentgelt die Jahresarbeitsentgeltgrenze übersteigt, deren Höhe für das Jahr 2003 auf 45.900 Euro festgesetzt wurde (§ 6 Abs. 1 Nr. 1 i. V. m. § 6 Abs. 6 S. 1 SGB V i. d. F. von Art. 1 Nr. 1 BSSichG). Damit wurde der Kreis der in der GKV Versicherungspflichtigen noch weiter vergrößert. Künftig wird sich kaum ein abhängig beschäftigter Berufsanfänger noch der Mitgliedschaft in der GKV entziehen können.

Dies führt zu verschiedenen verfassungsrechtlichen Problemen, die sich erst recht im Falle der Schaffung einer so genannten Bürgerversicherung stellen würden[18]. Insbesondere bestehen erhebliche Zweifel daran, ob sich die neue Versicherungspflichtgrenze mit dem Grundrecht der Zwangsversicherten auf freie Entfaltung der Persönlichkeit aus Art. 2 Abs. 1 GG und mit dem Grundrecht der Berufsfreiheit vereinbaren lässt, welches nach Art. 12 Abs. 1 i. V. m. Art. 19 Abs. 3 GG privaten Krankenversicherungsunternehmen zusteht.[19] In einem Beschluss vom 04. 02. 2004 rechtfertigte die 2. Kammer des Ersten Senats des Bundesverfassungsgerichts[20] zwar die deutliche Anhebung der Versicherungspflichtgrenze mit der üblichen Formel von der „Sicherung der finanziellen Stabilität und damit der Funktionsfähigkeit“ der GKV als besonders wichtigem Gemeinschaftsgut[21]. Der Kammerbeschluss weist allerdings an anderer Stelle darauf hin, dass die Erhöhung der Versicherungspflichtgrenze „das duale Krankenversicherungssystem nicht grundsätzlich“ verändere und „der Geschäftsbereich der privaten Krankenversicherung der Beamten und Selbständigen“ unangetastet bleibe[22].

Auch durch das GMG wird die PKV in einem wesentlichen Punkt betroffen, und zwar durch die einseitig zugunsten der GKV geregelte Steuerfinanzierung kranken-

---

17 So die Begründung der Fraktionen SPD und Bündnis 90 / Die Grünen zum entsprechenden Gesetzentwurf, BT-Drucks. 15 / 28, S. 11.

18 Siehe dazu näher *Kirchhof,* Ferdinand, Verfassungsrechtliche Probleme einer umfassenden Kranken- und Renten-„Bürgerversicherung“, in: NZS 2004, 1 ff.; *Isensee,* Josef, „Bürgerversicherung“ im Koordinatensystem der Verfassung, in: NZS 2004, 393 ff.; *Sodan,* Helge, Die „Bürgerversicherung“ als Bürgerzwangsversicherung, in: ZRP 2004, 217 ff.

19 Siehe dazu im Einzelnen *Sodan,* Helge, Das Beitragssatzsicherungsgesetz auf dem Prüfstand des Grundgesetzes, in: NJW 2003, 1761 (1765 f.).

20 BVerfG, VersR 2004, 898 (900).

21 Vgl. dazu *Sodan,* Helge (Hrsg.), Finanzielle Stabilität der gesetzlichen Krankenversicherung und Grundrechte der Leistungserbringer. Vorträge im Rahmen der 1. Berliner Gespräche zum Gesundheitsrecht am 16. und 17. Juni 2003, 2004.

22 BVerfG, VersR 2004, 898 (899).

versicherungsfremder Leistungen[23]. In der Begründung zum Entwurf des GMG vom 16.06.2003 werden zu den „versicherungsfremden Leistungen, die keinen Bezug zu Krankheit haben und gesamtgesellschaftliche Aufgaben darstellen", folgende Leistungen gezählt: „das Mutterschaftsgeld und sonstige Leistungen bei Schwangerschaft und Mutterschaft, Empfängnisverhütung, Schwangerschaftsabbruch, Haushaltshilfe, Krankengeld bei Erkrankung eines Kindes sowie die Beitragsfreiheit beim Bezug von Erziehungsgeld, Mutterschaftsgeld oder Inanspruchnahme von Elternzeit."[24]

Durch das GMG wurde ein neuer § 221 in das SGB V eingefügt. Dessen Absatz 1 bestimmt, dass der Bund zur pauschalen Abgeltung der Aufwendungen der Krankenkassen für versicherungsfremde Leistungen für das Jahr 2004 eine Milliarde €, für 2005 2,5 Milliarden € und ab 2006 4,2 Milliarden € jeweils am 1. Mai und 1. November zur Hälfte über das Bundesversicherungsamt an die gesetzlichen Krankenkassen leistet. Die vom Jahre 2006 an vorgesehene Höhe der Zahlungen entspricht etwa 20 % der gegenwärtigen Jahresumsätze der *privaten* Krankenversicherungsunternehmen. Gemäß § 220 Abs. 4 S. 1 SGB V sind ab 01.01.2004 die durch § 221 SGB V bewirkten Einsparungen in vollem Umfang für Beitragssatzsenkungen zu verwenden. Sinn dieser Bestimmung ist ausweislich der Begründung des Gesetzentwurfs, dass die Bundeszuweisungen „nicht zur Auffüllung der Rücklagen und zum Schuldenabbau verwendet" werden[25]. Damit sind die Krankenkassen gesetzlich verpflichtet, den *vollen* Umfang dieser Bundeszuschüsse unmittelbar auf den Beitragssatz umzulegen, der entsprechend verringert werden muss. Damit entsteht direkt ein Beitragssatz-Gefälle zwischen gesetzlichen und privaten Krankenversicherungsträgern. Ein Ermessensspielraum der gesetzlichen Krankenkassen zur Verwendung dieser Bundeszuschüsse besteht insoweit nicht. Dies führt jedoch dazu, dass die steuerfinanzierten Bundeszuschüsse unmittelbar und vollumfänglich den Wettbewerb zwischen gesetzlichen Krankenkassen und privaten Krankenversicherungsunternehmen hinsichtlich des Beitragssatzes beeinflussen.

Die einseitige Steuerfinanzierung so genannter krankenversicherungsfremder Leistungen zugunsten der GKV stößt jedoch auf erhebliche verfassungsrechtliche Einwände. Diese lassen sich insbesondere aus dem in Art. 3 Abs. 1 GG gewährleisteten allgemeinen Gleichheitssatz i. V. m. dem durch Art. 12 Abs. 1 GG geschützten Grundrecht der Berufsausübungsfreiheit herleiten. Nach der neueren Rechtsprechung des Bundesverfassungsgerichts ist Art. 3 Abs. 1 GG verletzt, wenn der Staat eine Gruppe von Normadressaten im Vergleich zu anderen Normadressaten anders behandelt, obwohl zwischen beiden Gruppen keine Unterschiede von solcher Art und solchem Gewicht bestehen, dass sie die ungleiche Behandlung rechtfertigen könnten[26]. Es genügt nach dieser Judikatur also für die Verfassungs-

---

23 Siehe zum Gesamtproblem *Butzer*, Hermann, Fremdlasten in der Sozialversicherung, 2001.

24 BT-Drucks. 15/1170, S. 162.

25 BT-Drucks. 15/1525, S. 138.

mäßigkeit einer Regelung nicht, dass sich *irgendein* sachlicher Gesichtspunkt für die rechtliche Differenzierung finden lässt.[27] Welche Sachverhaltselemente so wichtig sind, dass ihre Verschiedenheit eine Ungleichbehandlung rechtfertigt, hat zwar regelmäßig der Gesetzgeber zu entscheiden; sein Spielraum endet aber dort, wo die ungleiche Behandlung nicht mehr mit einer am Gerechtigkeitsgedanken orientierten Betrachtungsweise vereinbar ist.[28] Auch das Sozial(staats)prinzip „ermächtigt nicht zu beliebiger Sozialgestaltung, die das Gebot der Gleichheit auflösen würde".[29] Nach der Rechtsprechung des Bundesverfassungsgerichts zum Gleichheitssatz sind „dem gesetzgeberischen Gestaltungsraum dort enge Grenzen gezogen ..., wo es sich um Regelungen handelt, die Auswirkungen auf die durch Art. 12 Abs. 1 GG geschützte Freiheit der beruflichen Tätigkeit haben"[30]. Die einseitige Begünstigung der gesetzlichen Krankenkassen lässt wegen der möglichen berufshemmenden Wirkung für die privaten Krankenversicherungsunternehmen objektiv eine berufsregelnde Tendenz deutlich erkennen[31] und würde daher Art. 12 Abs. 1 GG berühren. Diese Grundrechtsgewährleistung ist auch wegen einer Bedrohung der Wettbewerbsfähigkeit privater Krankenversicherungsunternehmen betroffen. Die Wettbewerbsfreiheit – verstanden als das Recht auf den Versuch, sich durch freie Leistungskonkurrenz als Anbieter und Nachfrager auf dem Markt gegenüber anderen durchzusetzen[32] – wird nämlich durch Art. 12 Abs. 1 GG geschützt, soweit das Verhalten der Unternehmen im Wettbewerb Bestandteil ihrer Berufsausübung ist.[33]

Zwar bestehen zwischen der auf dem Umlageverfahren beruhenden GKV und der kapitalgedeckten PKV Unterschiede in der Grundkonzeption. Andererseits betreffen die Ausgabensteigerungen aufgrund etwa des Morbiditätswachstums und des gestiegenen medizinisch-technischen Fortschritts auch die privaten Kranken-

26 Siehe etwa BVerfGE 55, 72 (88); 58, 369 (373 f.); 82, 60 (86); 91, 346 (363); 91, 389 (401); 101, 239 (269); 105, 313 (352). Siehe zu dieser Judikatur näher *Sodan,* Helge / *Ziekow,* Jan, Grundkurs Öffentliches Recht, 2005, § 30 Rn. 14 ff.

27 *Hesse,* Konrad, Der Gleichheitssatz in der neueren deutschen Verfassungsentwicklung, in: AöR 109 (1984), 174 (189).

28 BVerfGE 60, 123 (134).

29 BVerfGE 12, 354 (367).

30 BVerfGE 60, 123 (134); vgl. auch BVerfGE 62, 256 (274).

31 Siehe zu diesem Maßstab etwa BVerfGE 13, 181 (186); 16, 147 (162); 38, 61 (79); 70, 191 (214); 75, 108 (153 f.); 98, 83 (97); *Sodan,* Helge, Leistungsausschlüsse im System der gesetzlichen Krankenversicherung und Grundrechtsschutz von Leistungsanbietern, SGb. 1992, 200 (201 ff.).

32 *Sodan,* Helge, Gesundheitsbehördliche Informationstätigkeit und Grundrechtsschutz, DÖV 1987, 858 (860); *ders.,* Vorrang der Privatheit als Prinzip der Wirtschaftsverfassung, DÖV 2000, 361 (364).

33 Vgl. z. B. BVerfGE 31, 311 (317); 46, 120 (137); 105, 252 (265); BVerwGE 71, 183 (189); *Sodan,* Helge, Freie Berufe als Leistungserbringer im Recht der gesetzlichen Krankenversicherung. Ein verfassungs- und verwaltungsrechtlicher Beitrag zum Umbau des Sozialstaates, 1997, S. 334 f.

versicherungsunternehmen. Deren Versicherte bilden ebenfalls eine Solidargemeinschaft. Verbleibende Unterschiede zwischen der GKV und der PKV rechtfertigen jedenfalls keine einseitigen Bundeszuschüsse mit der Folge wettbewerbsrelevanter Verwerfungen der Beitragssätze.[34] Dass insoweit ein echter Krankenversicherungsmarkt besteht, lässt sich zumindest im Hinblick auf diejenigen Mitglieder einer gesetzlichen Krankenkasse begründen, deren Beitritt auf einer *freiwilligen* Versicherung nach § 9 SGB V beruht. Dies gilt besonders für den in § 9 Abs. 1 Nr. 3 SGB V geregelten Tatbestand und damit für diejenigen Personen, die erstmals eine Beschäftigung aufnehmen und nach § 6 Abs. 1 Nr. 1 SGB V versicherungsfrei sind; an der Versicherung solcher in der Regel noch jungen Personen ohne nennenswerte Vorerkrankungen mit einem über der Versicherungspflichtgrenze liegenden Einkommen haben sowohl die gesetzlichen Krankenkassen als auch private Krankenversicherungsunternehmen naturgemäß ein spezifisches Interesse.

Von einem solchen Wettbewerb geht auch der Generalanwalt des Europäischen Gerichtshofs *Francis G. Jacobs* aus; in seinen Schlussanträgen vom 22. 05. 2003 in einem Verfahren, das sich auf die Regelungen der Festbeträge für Arzneimittel durch § 35 SGB V bezieht, führte er aus, dass die gesetzlichen Krankenkassen in Deutschland nicht nur untereinander, sondern auch mit den privaten Krankenversicherungsunternehmen konkurrierten und angesichts eines solchen Wettbewerbs die Wettbewerbsvorschriften des europäischen Gemeinschaftsrechts und damit die Art. 81 ff. EGV anwendbar sein sollten[35].

Der Europäische Gerichtshof vertrat in seinem in diesem Verfahren ergangenen Urteil vom 16. 03. 2004 die Auffassung, die Krankenkassen konkurrierten „weder miteinander noch mit den privaten Einrichtungen hinsichtlich der Erbringung der im Bereich der Behandlung oder der Arzneimittel gesetzlich vorgeschriebenen Leistungen, die ihre Hauptaufgabe" darstelle; er sprach aber von einem „Spielraum, über den die Krankenkassen" verfügten, „um ihre Beitragssätze festzulegen und einander einen gewissen Wettbewerb um Mitglieder zu liefern".[36]

U. a. mit diesem Urteil des Europäischen Gerichtshofs beschäftigt sich der Beitrag von Bernd Baron von Maydell, der die Abgrenzung der Zuständigkeiten zwischen GKV und PKV unter besonderer Berücksichtigung des europäischen Ge-

---

34 *Sodan* (Fn. 5), S. 2582.

35 Schlussanträge des Generalanwalts *Francis G. Jacobs,* Verbundene Rechtssachen C-264/01, C-306/01, C-354/01 und C-355/01 – AOK-Bundesverband u. a./Ichthyol-Gesellschaft Cordes u. a., Rn. 37 ff. Siehe dazu näher *Sodan,* Helge, Die gesetzlichen Krankenkassen als Unternehmen im Sinne des europäischen Gemeinschaftsrechts, in: Krause/Veelken/Vieweg (Hrsg.), Recht der Wirtschaft und der Arbeit in Europa. Gedächtnisschrift W. Blomeyer, 2004, S. 691 (696 ff.).

36 EuGH, DVBl. 2004, 555 (556). Siehe zu dieser Entscheidung näher *Sodan,* Helge, Europäisches Gemeinschaftsrecht und deutsches Krankenversicherungsrecht – Zugleich eine Besprechung des „Festbetragsurteils" des Europäischen Gerichtshofes vom 16. 3. 2004, in: GesR 2005, 145 ff.

meinschaftsrechts zum Gegenstand hat. Er zeigt auf, dass das Urteil des Europäischen Gerichtshofs vom 16. 03. 2004 ausdrücklich nur das Verhältnis der deutschen gesetzlichen Krankenkassen zu den *Leistungserbringern* betrifft. Die Krankenkassen werden insoweit als Nachfrager auf dem Markt der Gesundheitsleistungen tätig. Über die Unternehmenseigenschaft der gesetzlichen Krankenkassen im Verhältnis zu den *privaten* Krankenversicherungsunternehmen hatte der Europäische Gerichtshof in dieser Entscheidung jedoch nicht zu befinden. Die Rechtsbeziehungen zu den Leistungserbringern sind von dem Versicherungsbereich als solchem zu trennen. In diesem Versicherungsbereich treten die gesetzlichen Krankenkassen als *Anbieter* auf, indem sie auf dem Markt für Versicherungen tätig werden. Insoweit ist ein unmittelbarer Wettbewerb gegeben zwischen sozialer und privater Krankenversicherung. Baron von Maydell hält aufgrund des europäischen Gemeinschaftsrechts eine strikte Konzentration und Beschränkung der GKV auf den durch das soziale Schutzprinzip gekennzeichneten Bereich für geboten.

Abschließend entwickelt Klaus Detlef Dietz eine ordnungspolitische und ökonomische Perspektive einer neuen Wettbewerbsordnung in der Krankenversicherung. Er bekräftigt die Bereitschaft der PKV, Zusatzversicherungen für alle aus der GKV ausgegliederten Leistungen anzubieten. Darin sieht er einen wichtigen Schritt in Richtung einer neuen Balance zwischen öffentlich-rechtlichen Krankenkassen und privater Eigenvorsorge durch privaten Versicherungsschutz.

Der Risikostrukturausgleich in der gesetzlichen Krankenversicherung als Ausstieg aus dem Wettbewerb?

Von Ferdinand Kirchhof

I. Die Grundidee des Risikostrukturausgleichs

Einige Straßenzüge neben unserem Tagungsort hat an der Berliner Humboldt-Universität der Philosoph Arthur Schopenhauer zu Anfang des 19. Jahrhunderts sein Hauptwerk „Die Welt als Wille und Vorstellung" geschaffen. Wenn man den Risikostrukturausgleich (RSA) in der gesetzlichen Krankenversicherung (GKV) in seiner gegenwärtigen Fassung betrachtet, drängt sich mir in Berlin die Bezeichnung „Der RSA als Wille und Wirklichkeit" auf, denn bei ihm klaffen die Idee auf der einen und die einfachgesetzliche Durchführung und ihre ökonomische Wirkung auf der anderen Seite weit auseinander. Mitte der Neunziger Jahre ist er als geringfügige Korrektur vermuteter Wettbewerbsverzerrungen im Gesundheitswesen konzipiert worden. Heute sprengt er durch sein Volumen und durch seine unterschiedlichen Zielsetzungen das System der GKV. Ökonomisch war seine Grundidee an sich durchaus einleuchtend. Mit der Einführung eines Rechts der Versicherungspflichtigen auf Wahl einer Krankenkasse und der Verpflichtung der Krankenkassen, Versicherungsanträgen ohne individuelle Risikobewertung stattzugeben, ändert sich die Versichertenstruktur im Gesamtsystem, denn jetzt entscheidet der Wille des Versicherten statt der gesetzlichen Vorgabe des Parlaments über die Wahl der Krankenkasse. Wegen der gesetzlich weitgehend fixierten Leistungen der Krankenkassen ist ein Wettbewerb lediglich über Beitragssatzunterschiede möglich. Da die Beiträge lohnabhängig ausfallen und ihr Aufkommen die gesamten Ausgaben jeder Krankenkasse decken müssen, droht eine Wettbewerbsverzerrung vor allem, wenn sich junge „Gutverdiener" ohne Kinder in einer Krankenkasse mit niedrigen Beitragssätzen sammeln, während die Mitgliedschaft anderer Kassen aus bejahrten „Geringverdienern" mit vielen Kindern besteht. Dann wird der Wettbewerb nicht mehr über die Effizienz der einzelnen Kassen geführt, sondern von der unterschiedlichen Mitgliederstruktur bestimmt. Dieses Problem wollte der RSA durch einen finanziellen Ausgleich auf der Grundlage fiktiver, identischer Versichertenstrukturen herbeiführen. Der interne Ausgleich der Vorteile aus einem unterschiedlichen Mitgliederbestand sollte gleiche Wettbewerbschancen zwischen den Kassen herstellen.

II. Der Ausgleich zur Herstellung gleicher Wettbewerbschancen und die Verfälschung der Grundidee

Nach der Grundmechanik des RSA wird die Finanzkraft einer Krankenkasse mit ihrem Beitragsbedarf verglichen. Eine Unterfinanzierung ist von anderen besser gestellten Kassen auszugleichen, soweit sie von vier Faktoren in der Mitgliederstruktur – Höhe der beitragspflichtigen Einnahmen der Mitglieder, Zahl ihrer Familienversicherten, Struktur der Versicherten hinsichtlich Alter und Geschlecht – verursacht wird. Indem man den Beitragsbedarf jeder Kasse nach bundeseinheitlichen Durchschnitten pro Versichertem berechnet, ihre Finanzkraft aber für jede Krankenkasse individuell feststellt, ergibt sich ein geschlossenes Ausgleichssystem von Zahler- und Empfängerkassen, das keinen Zuschuss von Dritten benötigt. Die kassenindividuelle Ermittlung der Finanzkraft bei bundeseinheitlich festgestelltem Beitragsbedarf belastet eher Kassen überdurchschnittlichen Beitragsbedarfs und begünstigt Kassen mit niedrigem Lohnniveau. Der unterschiedliche Ansatz – hier kassenindividuelle Finanzkraft, dort bundesdurchschnittlicher Finanzbedarf – weicht vom Ziel der Vermeidung von Wettbewerbsverzerrungen infolge der jeweiligen Mitgliederstruktur einer Kasse ab und fügt zusätzliche Ausgleichskomponenten ein, die das ursprüngliche Ziel der Herstellung gleicher Wettbewerbschancen verfälschen und zu gezielten Transfers aus anderen, finanzpolitischen Motiven übergehen. Die Berücksichtigung von nur vier Faktoren der Versichertenstruktur und das ausdrückliche Verbot der Berücksichtigung weiterer Faktoren im RSA nach § 266 Abs. 1 S. 3 SGB V führt den RSA in weitere Schwierigkeiten.

Die Idee des RSA wird im einfachen Gesetz der §§ 266 ff. SGB V nicht mehr konsequent durchgeführt. Vielmehr werden weitere Ziele, zum Beispiel der Gesichtspunkt der Kostendämpfung oder des Ausgleichs zwischen Ost und West, eingebracht. In dieser gesetzlichen Ausformung korrigiert der RSA weder strukturell bedingte Wettbewerbsverzerrungen noch führt er Chancengleichheit herbei, sondern schafft ein unübersehbares, nicht mehr beherrschbares Transfersystem zwischen den Kassen nach anderen Motiven, welches sogar das Versicherungsprinzip in der GKV denaturiert.

Letztlich wird eine rigide Ausgleichsstruktur der Finanzbeziehungen zwischen Krankenkassen festgeschrieben, obwohl sie sich nach außen in gegliederter und differenzierter Organisation zeigen. Der RSA führt in der Praxis zu einem gigantischen Umverteilungssystem, das die Grundprobleme der GKV nicht löst sondern perpetuiert, weil er keine Anreize für die einzelne Kasse setzt, ihre Schwierigkeiten infolge steigender Beitragssätze und Ausgaben selbst zu bewältigen, sondern nur Geldmittel zwischen ihnen verschiebt. Die gesetzliche Präferenz für eine ausschließliche Lösung durch den RSA verhindert in der Sozialversicherungspolitik zur Zeit sogar bessere, andere Lösungen. Zuletzt verstößt der in seinem ökonomischen Erfolg ohnedies fragwürdige RSA noch gegen die Finanzverfassung des Grundgesetzes, indem er einen apokryphen Nebenfinanzausgleich ohne Verfassungsgrundlage organisiert und den Bund von seinen verfassungsrechtlichen Solidaritätspflichten nach Art. 120 Abs. 1 S. 4 GG entbindet.

Wir stehen heute vor einem Scherbenhaufen. Mit dem Strukturausgleich ist außer wenigen Verbänden und Empfängerkassen, die sich dort auskömmlich eingenistet haben, niemand mehr zufrieden. Selbst bei jenen zeigt sich zunehmende Verunsicherung, weil die Erwartungen an einen beständigen, planbaren Ausgleich enttäuscht werden und die konkreten Zahlungen an den eigenen Haushalt kaum noch voraussehbar sind. Dadurch entsteht auch ein Schaden für die Allgemeinheit: Er liegt in der Verletzung der Finanzverfassung, in der Intransparenz von Kosten und Geldtransfers in der GKV, im Ausbleiben eines Preisdrucks auf unökonomisch handelnde Kassen und im Ausweichen vor dringend zur Lösung anstehenden Problemen.

III. Die wettbewerbsfremden Ziele des Risikostrukturausgleichs

Das ursprüngliche Ziel des RSA war der Ausgleich der Wettbewerbssituation jeder Krankenkasse, wenn die Versicherten nach ihrem Willen wandern. Bereits der zur Zeit geltende RSA nach §§ 266 ff. SGB V verfolgt das Ziel einer Wiederherstellung gleicher Wettbewerbschancen in seinem eigenen Ansatz nur begrenzt. § 266 Abs. 1 SGB V wollte gleiche Wettbewerbschancen durch den Vergleich von lediglich vier Faktoren der Versichertenstruktur, nämlich des Alters und des Geschlechts der Versicherten, der Zahl der Familienversicherten und der Höhe der beitragspflichtigen Einnahmen einer Kasse erfassen. Die Realität erwies sich jedoch als vielgestaltiger. So hätte man z. B. die Höhe der Verwaltungskosten der einzelnen Kasse (negativ) berücksichtigen sollen, bei denen erhebliche Unterschiede bestehen. So sind im Jahre 2001 bei Bundesknappschaft und landwirtschaftlichen Krankenkassen pro Versichertem 170 bis 172 € an Kosten aufgelaufen, während die Betriebskrankenkassen mit 98 € pro Kopf auskamen. Die Kosten des Heilpersonals, deren Löhne ebenfalls regional differieren, sowie allgemein die örtlichen Preisniveaus für medizinische Leistungen wären zu berücksichtigen gewesen. Die Therapieangebote vor Ort, das Vorhandensein von Krankenhäusern und Kurgebieten sowie unterschiedliche Leistungsmengen in der Krankenversorgung hätten mitbedacht werden sollen. Vor allem wurde die allgemeine Morbidität der Versicherten nicht gewertet. Es ist geradezu ein gesetzliches Eingeständnis eines Fehlers bei der Verfolgung der Ausgleichsidee, dass § 268 Abs. 1 SGB V n. F. ab 2007 dieses Problem generell angehen und mit den offen gefassten Komponenten „Diagnosen, Diagnosegruppen, Indikationen, Indikationengruppen, medizinische Leistungen oder Kombinationen dieser Merkmale“ auch die allgemeine Morbidität erfassen will. Zur Zeit wird aber im RSA nur Gruppen von Krankenkassen in einer ganz bestimmten, problematischen Wettbewerbslage geholfen, während die aus weiteren Gründen verminderten Wettbewerbschancen anderer Kassen negiert werden. In der neuen Fassung geht er das System differenzierter an, muss aber dafür den Preis einer Formel aus unberechenbaren und unbestimmten Rechtsbegriffen zahlen, der keine Prognosen mehr zulässt, wohin das Schiff des finanziellen Ausgleichs steuern wird. Zudem wird der neue RSA nicht nur komplizierter, sondern nimmt andere Ideen – z. B. den Anreiz, die Risikoselektion zu verringern oder die Wirtschaftlichkeit zu fördern – auf und verrät damit ein weiteres Mal sein eigenes Anliegen.

Der RSA verfolgt also zusätzliche Ziele neben der Gleichheit der Wettbewerbschancen, obwohl sie sich dazu in Widerspruch setzen und in andere Richtung weisen. In der Politik war ein RSA schon immer ein – fehlgeschlagener – Versuch, Stabilität in die Beitragssätze zu bringen. Das hat mit der Herstellung gleicher Wettbewerbschancen wegen unterschiedlicher Versichertenstrukturen nichts mehr zu tun.

Das Gesetz selbst gibt mit der Auflösung der Ausgleiche in getrennte Rechtskreise Ost und West nach § 313a SGB V einen weiteren Zweck vor. Es werden die unterschiedlichen Wettbewerbssituationen in West und Ost negiert, um einen Transfer von den westlichen zu den östlichen Kassen einzuleiten, indem der Finanzbedarf bundeseinheitlich berechnet wird, aber in den westlichen Bereichen höhere Preisniveaus zu gering und in den östlichen Gebieten niedrige Preisniveaus zu hoch angesetzt werden. Die Finanzkraft jeder Krankenkasse wird dann wieder individuell festgestellt; hierbei stehen in der Regel die östlichen besser als die westlichen Kassen da. Im Ergebnis werden die Ostkassen mit geringeren Löhnen trotz niedrigerer Ausgaben begünstigt, sie können sogar ihre Schulden abbauen und ihre Beitragssätze senken. Ein gezielter Geldtransfer vom Westen in den Osten hat mit dem ursprünglichen Ziel des RSA und der Angleichung der Wettbewerbschancen nichts mehr gemein. Die Entschuldung der Ostkassen ist eine gesamtstaatliche Aufgabe. Mit ihr werden Altlasten aus der Wiedervereinigung aufgearbeitet. Sie muss deshalb aus dem Steueraufkommen aller Einwohner, nicht aus den Beiträgen bestimmter Versichertengemeinschaften geleistet werden, weil sie mit deren Krankheitsrisiko nichts zu tun haben.

Völlig einen Ausgleich von Wettbewerbschancen zwischen Krankenkassen verlassen die im Dezember 2001 eingeführten Disease-Management-Programme und der Risikopool für aufwendige Leistungsfälle nach § 269 SGB V. Disease-Management-Programme sollen den finanziellen Aufwand für chronisch Kranke auffangen. Sie dienen aber der Kostendämpfung, nicht der Wettbewerbssicherung. Der Risikopool für aufwendige Leistungsfälle erstattet 60 % der Kosten, wenn ein Krankheitsfall Kosten von über 20.450 € pro Jahr verursacht. Er stellt einen Ansatz zur Ausgliederung eines Teils der Risikoabdeckung durch Einbringung der Versicherung in eine monetäre Bundeseinheitlichkeit dar. Er will nicht die Wettbewerbschancen von Krankenkassen ausgleichen, sondern eine partielle, nämlich auf die monetäre Seite beschränkte Einheitskasse einführen. Überdies durchbricht er die Grundsatzentscheidung des § 29 SGB IV, dass die staatliche Sozialversicherung in einer differenzierten Organisationsstruktur aus einzelnen Selbstverwaltungskörperschaften besteht.

IV. Das Hauptproblem eines zu geringen Beitragsaufkommens

Der RSA löst das grundsätzliche Problem der GKV, dass einzelne Kassen vor Liquiditätsproblemen stehen, mit einem riesigen Umverteilungsvolumen. Seine Struktur und sein Volumen gefährden dabei aber ihr Gesamtsystem. Er trifft nicht einmal den Kern des Problems der GKV, sondern widmet sich einer Randfrage. Das Grundproblem der GKV besteht nicht in der Versichertenstruktur der einzelnen Krankenkassen, sondern in der desolaten Situation des Arbeitsmarkts und der Wirtschaft. Die Sozialversicherung hat in erster Linie ein Beitragsproblem, der RSA sieht ihre Misere aber allein in der Versichertenwanderung. Die eigentliche Gefahr liegt jedoch darin, dass die Beitragssätze prozentual immer mehr steigen, das Gesamtaufkommen aber nicht. Die Politik hat erkannt, dass die GKV für die Arbeitnehmer zu teuer wird. Dann sollte sie auch dort mit der Therapie ansetzen, nicht aber bei der Verteilung der Versicherten auf Krankenkassen oder bei Beitragssatzunterschieden zwischen ihnen.

Der Hinweis auf die Kostenexplosion im Gesundheitswesen geht ebenfalls fehl. Der RSA alter Fassung bekämpft sie nach seinen gesetzlichen Zielen überhaupt nicht. Seit Mitte der Neunziger Jahre verharren die Aufwendungen für die Gesundheit bei etwa 6 % des Bruttoinlandsprodukts. Die Beitragssätze steigen, weil die Löhne sinken und die Zahl der Beschäftigten zurückgeht, denn die gesetzliche Krankenkasse berechnet sie nach Grundlöhnen. Würde die Wirtschaft wie bisher florieren und Vollbeschäftigung herrschen, befänden sich die Beitragssätze im Bundesdurchschnitt mit 11,6 % auf dem Stand von 1980. Gefragt ist also nicht ein RSA mit der Funktion eines monetären Verschiebebahnhofs zwischen Versichertengemeinschaften, sondern eine bessere Wirtschaftspolitik, die mehr Geld in den Arbeitsmarkt bringt. Der RSA kämpft auf einem Nebenkriegsschauplatz mit systemsprengendem Aufwand; zur Behebung individueller Liquiditätsprobleme würde eine gezielte Hilfe für einige notleidende Kassen aus dem Bundeshaushalt effektiver und gleichheitsgerechter sein.

V. Die verfehlte Prämisse der Risikoselektion

Der RSA wird von der Prämisse getragen, einige Krankenkassen verfälschten den Wettbewerb um Mitglieder durch Risikoselektion. Dieser Vorwurf trägt als gesetzgeberisches Motiv den RSA. § 268 SGB V n. F. gibt das im Gesetzestext selbst zu erkennen, wenn er unter Nr. 3 fordert, „Anreize zur Risikoselektion [zu] verringern“. Selektion heißt Auswahl nach eigenem Willen. § 173 SGB V gibt jedoch jedem Versicherten ein Recht, nach seinem Willen eine Kasse auszuwählen. Nach § 175 SGB V darf eine Krankenkasse den Mitgliedsantrag nicht ablehnen. Wenn das Wahlrecht dem Bürger zusteht, kann man einer an seinen Antrag gebundenen Kasse keine Risikoselektion vorwerfen. Sicherlich kann sie durch Werbung kostengünstige, potentielle Mitgliedergruppen ansprechen; gegen eine von der Werbung verursachte Mitgliederstruktur, die nicht wettbewerbsgerecht ist, hilft die Information und Aufklärung der Versicherungspflichtigen. Die Ausgangslage ist also nicht so, dass einer Risikoselektion der Kassen durch einen RSA entgegengewirkt werden müsste. Ferner könnte man ihre Beiträge auch nach den zukünftigen Kosten für zur Zeit noch kostengünstigere Mitglieder ausrichten und dadurch den temporären, finanziellen Vorteil für Kassen beseitigen, die diesen Effekt nutzen, um geringe Beiträge zu erheben.

VI. Die Auswirkungen des Risikostrukturausgleichs

Das gigantische im Volumen steigende Umverteilungssystem verschiebt die finanziellen Probleme der Krankenkassen, löst sie aber nicht. Der RSA bietet ein Beispiel heutiger Politik, die Probleme nicht an ihrer Ursache packt und Strukturen ändert, sondern durch Verteilung von Finanzmitteln kurzfristig die Löcher stopft und eine grundlegende Lösung so hinausschiebt, weil sie unangenehm erscheint. So wird das aktuelle Problem von wenigen zur dauernden Schwierigkeit für alle. Ähnliche Beispiele für diese Ausweichtechnik der Politik bieten der Finanzausgleich, die Rentenversicherung oder das Abgaben- und Steuerrecht.

Vor allem die anschwellenden Dimensionen des RSA zeigen, dass dieses Verfahren ein kleines Problem vergrößert, aber nicht löst. Der Ausgleich war in den Neunziger Jahren als geringfügige Hilfe für notleidende Kassen gedacht. Er ist in den folgenden Jahren geradezu explodiert. 1999 umfasste er noch 11,5, heute ist er bereits bei 13,5 Mrd. € angelangt. Er bewegt damit mehr Finanzmittel als der gesamte horizontale Finanzausgleich unter den Ländern und stützt sich gleichwohl nicht einmal auf eine verfassungsrechtliche Ermächtigung. Die Verwerfungen zwischen West- und Ostkassen betrugen im Jahr 2001 1,5 Mrd. €; dadurch stiegen im Westen die Beiträge um einen Punkt, während sie im Osten um 0,2 Punkte sanken. Der Ausgleich gibt den Kassen falsche Strukturimpulse. Im Juli 2002 waren von 392 Betriebskrankenkassen 325 Zahlerkassen, von 27 Innungskrankenkassen 23. Ihnen standen 17 Allgemeine Ortskrankenkassen gegenüber, die zu den Empfängern zählten. In den ersten elf Monaten des Jahres 2002 haben die Allgemeinen Ortskrankenkassen 11,2 Mrd. € erhalten. So wird eine Bestandssicherung ohne Rücksicht auf sozialen Bedarf oder ökonomische Erfordernisse betrieben. Nicht der Wettbewerb, sondern das unveränderte Bestehen der Kassen wird geschützt und gegen notwendige Veränderungen immunisiert.

Das Ausgleichsverfahren denaturiert die Versicherungsfunktion der einzelnen Kasse und die Legitimation zur Pflichtmitgliedschaft in der jeweiligen Versichertengemeinschaft, wenn bis zu 70 % der Gesamteinnahmen einer Kasse im RSA verschwinden. Der Versicherungsbeitrag mutiert von einer Versicherungsprämie zur Sozialversicherungssteuer. An der Vordertür veranstalten die Kassen Wettbewerb um Mitglieder und suggerieren marktwirtschaftliches Verhalten, an der Hintertür des RSA wird die monetäre Einheitskasse errichtet. Damit fehlt der einzelnen Kasse der Kostendruck vor Ort, denn der RSA sichert ihren Bestand ohne Rücksicht auf ihr Verhalten. Es werden keine Wettbewerbsanreize vom Gesundheitsmarkt gesetzt, sondern eine monetäre, partielle Bundeseinheitskasse gebildet. Der RSA, der den Wettbewerb sichern wollte, verzerrt und lähmt ihn mittlerweile.

Im Alltag der Kassen führt der RSA zu einem „black-box"-Verfahren mit Überraschungsergebnissen. Niemand kann sicher voraussagen, wieviel er einzahlen muss oder wieviel er erhält. So ist z. B. der RSA von 1995 viermal ausgeglichen, in sechs Jahresrechnungen berücksichtigt, fünfzehnmal zahlbar gemacht und sind seine Eckdaten zwanzigmal vom Bundesversicherungsamt neu berechnet worden. Im Jahr 2001 wurde der RSA für 1995 zum 25. Mal berechnet. Er erweist sich als unkontrollierbares, unberechenbares Transfersystem. Seine Kompliziertheit erlaubt keine zuverlässige Haushaltsplanung mehr, denn pro Tag wird zur Ermittlung der Versichertengruppen nach § 267 Abs. 3 SGB V jeder Versicherte in typische 670 Versichertenfälle eingepasst und finanziell kalkuliert. Der Gesetzgeber erliegt dem weitverbreiteten Irrtum, durch fortwährende Verfeinerung von Daten, Parametern und Bewertungen die Realität in den Griff zu bekommen. Ab 2007 sollen sogar in einem neuen RSA Morbiditätsfaktoren nach Diagnosen und Diagnosegruppen sowie nach Indikationen und Indikationsgruppen hinzugefügt werden. Die Möglichkeit der zuverlässigen Haushaltsplanung für Zahler- und Empfängerkassen bleibt auf der Strecke, obwohl das Bundesverfassungsgericht die verlässliche und planbare Haushaltswirtschaft im Staat als Verfassungsgrundsatz in ständiger Rechtsprechung anerkennt. Er wird durch den RSA bei den Krankenkassen permanent verletzt.

VII. Der Risikostrukturausgleich als Abwehr anderer Lösungen der Kassenprobleme

Das Festhalten am RSA und seinen Erweiterungen trotz seiner erkennbaren Erfolglosigkeit ist vor allem deshalb ärgerlich, weil sich andere, bessere Lösungen zur Finanzierung der Krankenversicherung und zur Beseitigung von Liquiditätsengpässen anbieten. Es gibt eine umfangreiche Liste von Möglichkeiten dazu. Die erste läge in einer umfassenden Wettbewerbsöffnung. Vor allem die private Krankenversicherung steht als bewährtes und funktionierendes System bereit zur Abdeckung der Risiken. Die Aufklärung aller Versicherten über ihr Beitrittsrecht ohne Ablehnungsrisiko auch bei Vorerkrankungen würde vermutlich zu einem gerechten Auspendeln der Versichertenstruktur zwischen allen Kassen führen und den Ausgleich überflüssig machen. Zu denken wäre auch an die Erweiterung des Wahlrechts auf alle gesetzlichen oder privaten Kassen unter Kontrahierungszwang. Man könnte bei den gesetzlichen Krankenkassen obligatorische Grundleistungen und freiwillige Zusatzleistungen unter Beitragsstaffelung vorsehen. Überhaupt wäre es an der Zeit, Tarife und Leistungen freizugeben. Eine finanzielle Ausgliederung von Fremdlasten an den Bund nach Art. 120 Abs. 1 S. 4 GG würde die GKV z. B.

um etwa 31 Mrd. €, das sind etwa 30 % ihrer Gesamtausgaben, erleichtern. Fremdlasten dürfen nicht von der Sondergruppe der Beitragszahler getragen, sondern müssen von der Allgemeinheit durch Steuermittel finanziert werden. Das Problem könnten auch Einzelverträge der Kassen mit Leistungserbringern lösen. Die Einräumung einer echten Organisationsautonomie für die Kassen oder ein regionaler Ausgleich auf freiwilliger Basis kommen ebenfalls dafür in Frage. Würden Versichertenbeiträge bereits bei Eintritt in die Versicherung nach kapitalgedeckten Vorsorgebeträgen für das Alter berechnet, die jeder Versicherte bei einem Kassenwechsel mitnimmt, wäre einer Kasse jeglicher Reiz für einen Wechsel aus Gründen einer anderen Versichertenstruktur genommen. Das Festhalten am RSA unter Abwehr aller anderen Lösungsmöglichkeiten ist verfehlt.

VIII. Verfassungsrechtliche Bedenken gegen den Risikostrukturausgleich

Zudem trifft der RSA nicht nur auf ökonomische und gesundheitspolitische Zweifel, sondern sieht sich auch noch verfassungsrechtlichen Bedenken ausgesetzt, die demnächst vom Bundesverfassungsgericht entschieden werden müssen. In drei Punkten halte ich den RSA für verfassungswidrig: Er entwidmet zweckgerichtet erhobene Beiträge gleichheitswidrig; das verstößt gegen den grundrechtlichen und rechtstaatlichen Gleichheitssatz. Er führt zur Finanzierung der Krankenkassen durch die Länder, obwohl verfassungsrechtlich die Deckung von Beitragslücken nach Art. 120 Abs. 1 S. 4 GG dem Bund zugewiesen ist. Er verletzt die Regeln der föderalen Finanzverfassung über die Finanzautonomie der Länder, weil er Finanztransfers über die Landesgrenzen hinaus bundesgesetzlich zwingend anordnet.

Das Grundgesetz enthält wenige, aber deutliche Regeln zur GKV. Art. 74 Abs. 1 Nr. 12 GG macht Aussagen über die Gesetzgebungskompetenz und mittelbar über die Beitragsfinanzierung in der Sozialversicherung, Art. 87 Abs. 2 GG weist sie der mittelbaren Landes- oder Bundesorganisation zu, und Art. 120 Abs. 1 S. 4 GG gibt dem Bund auf, die Zuschüsse zu den Lasten der Sozialversicherung zu tragen. Daneben sorgen die Grundrechte, vor allem der für Sozialversicherungsbeiträge geltende Grundsatz der sachlich legitimierten und gleichheitsgerechten Belastung nach Art. 3 Abs. 1 GG, für allgemeine Vorgaben in der Krankenversicherung.

IX. Der Grundsatz der Belastungsgleichheit nach Art. 3 GG

Der RSA verstößt gegen den Grundsatz der Belastungsgleichheit nach Art. 3 Abs. 1 GG, weil der Sozialversicherungsbeitrag, den ein Versicherter für seine Versichertengemeinschaft in eine bestimmte Krankenkasse einzahlt, im RSA für Zwecke einer anderen Krankenkasse umgewidmet wird. Nach ständiger Rechtsprechung des Bundesverfassungsgerichts ist die Steuer als Gemeinlast von allen zu zahlen und deshalb grundsätzlich gleichheitsgerecht. Finanzielle Sonderlasten greifen besondere Gruppen aus der bereits steuerlich belasteten Gesamtzahl gleich leistungsfähiger Steuerbürger nochmals heraus; deshalb bedarf dieser zweite, personell begrenzte Zugriff einer besonderen Rechtfertigung für Grund und Höhe der Sonderbelastung. Diese verfassungsrechtlich notwendige Legitimation liegt bei Sozialversicherungsbeiträgen in der Abdeckung des eigenen Risikos. Der Arbeitnehmer zahlt ihn als Prämie für seine Versicherung, die Krankenkasse sorgt für den versicherungstypischen Ausgleich zwischen Versicherten, indem sie das individuelle Risiko auf die Versichertengemeinschaft umlegt. Der Arbeitgeber zahlt für das Risiko seines Arbeitnehmers, weil er ihm aus dem Arbeitsverhältnis zur Fürsorge verpflichtet ist. Der Sozialversicherungsbeitrag findet in diesen beiden Legitimationen seinen Grund und seine Grenze. Er wird zum Zweck der Risikoabdeckung in einer Versichertengemeinschaft erhoben. Die zweckgebundene Erhebung zur Finanzierung bestimmter Aufwendungen führt zur Pflicht, ihn konsequent auch zweckgebunden zu verwenden. Der Zweck ist die Abdeckung des Risikos in der Versichertengemeinschaft. Jeder zahlt nach den Organisationsvorgaben des § 29 SGB IV und den Beitragsvorschriften der §§ 220 ff. SGB V für seine eigene, von ihm gewählte Krankenkasse, nicht für „die GKV" im Allgemeinen. Daraus erklären sich auch die unterschiedlichen Beitragsbelastungen. Die Weiterleitung des Beitragsaufkommens an andere Versichertengemeinschaften im RSA entwidmet das zweckgebundene Aufkommen gleichheitswidrig. Trotz eines vom Gesetzgeber ausdrücklich eingeräumten und ausgeübten Wahlrechts, einer bestimmten Kasse und einer bestimmten Versichertengemeinschaft beizutreten, wird die Entscheidung des Versicherten monetär entwertet, indem der Gesetzgeber das Versprechen, die Mitgliedschaftsentscheidung zu akzeptieren, finanziell nicht mehr einhält. Der Systembruch liegt auf der Hand.

Für die vom RSA erfassten Kassen ist der rechtsstaatliche Gleichheitssatz verletzt, der in ähnlicher Weise einen sachlichen Grund für die Umverteilung in zweckgebundenen Sonderhaushalten verlangt. Der Gesetzgeber verfügt über das Beitragsaufkommen jeder Krankenkasse wie über die fungiblen Steuermittel im Bundeshaushalt, statt dafür Sorge zu tragen, dass es zugunsten der jeweiligen Versichertengemeinschaft und ihrer Risiken eingesammelt und deshalb in entsprechender Bindung verwendet wird. Erschwerend fällt ins Gewicht, dass das im RSA auf andere Kassen umgeleitete Beitragsaufkommen sogar für andere Zwecke als die Risikoabdeckung jener Versichertengemeinschaften verwendet wird, nämlich für Fremdleistungen und vor allem für die Entschuldung der begünstigten Kassen. Sie haben in erheblichem Maße – man spricht von bis zu 7 Mrd. € – Kredite aufgenommen, obwohl das SGB V ihnen nur Kassenverstärkungskredite innerhalb des Haushaltsjahres gestattet, die sonstige Verschuldung hingegen untersagt hat.

X. Die Pflicht des Bundes zur Defizitdeckung aus Art. 120 Abs. 1 S. 4 GG

Nach Art. 120 Abs. 1 S. 4 GG trägt der Bund die Zuschüsse zu den Lasten der Sozialversicherung. Die Finanzverfassung macht damit eine Ausnahme von ihrem in Art. 104a Abs. 1 GG enthaltenen Grundsatz, dass jeder die Kosten der von ihm durchgeführten Gesetze trägt. Sobald Lücken in der Finanzierung von Krankenkassen auftreten, muss sie der Bund tragen; das gilt in Abweichung von Art. 104a Abs. 1 GG auch, wenn es sich um Krankenkassen der Länder handelt. Diese Ausnahme wurde im Grundgesetz angeordnet, weil der unitarische Sozialstaat in erster Linie durch Bundesgesetze handelt, welche als Leistungsgesetze die Kosten verursachen. Dann muss der Bund auch die Kosten seiner normativen Misserfolge im Gesundheitswesen tragen. Art. 120 Abs. 1 S. 4 GG erhält ein Gebot an den Bund und ein Verbot an die Länder, bei Defiziten der Krankenkassen einzuspringen.

Der RSA verstößt zweimal gegen diese Norm: Er ordnet zum einen einen Transfer zwischen den Ländern an, sodass die Kassen eines Landes diejenigen eines anderen Landes finanzieren und damit Defizite aus dem Landesbereich gedeckt werden. Die Mittel der Landeskrankenkassen sind als Landesfinanzen einzustufen, weil diese Kassen organisatorisch der mittelbaren Landesverwaltung angehören; dennoch werden sie als Zuschuss für andere Länder eingesetzt. Er entlastet zum zweiten den Bund, obwohl Art. 120 Abs. 1 S. 4 GG ihm die Finanzierungslast ausdrücklich aufbürdet. Es kommt im RSA sogar vor, dass Landeskrankenkassen die Haushaltslücken von Bundeskrankenkassen finanzieren und damit die „monetäre Einbahnstraße" vom finanziell besser ausgestatteten Bund zu den Ländern als Geisterfahrer in der Gegenrichtung befahren müssen. Diese Finanzierung erfolgt nicht aus eigenem Entschluss, sondern aufgrund bundesgesetzlicher Anordnung in den §§ 266 f. SGB V entgegen der Verfassung. Damit wird das Ergebnis eines guten Wirtschaftens von Krankenkassen im Land weggesteuert und die Wirtschafts- und Gesundheitsmarktstruktur des Landes beeinträchtigt. Wegen dieser Verstöße gegen Art. 120 Abs. 1 S. 4 GG ist der RSA aus Landesmitteln verfassungswidrig.

XI. Die Verletzung der Finanzautonomie der Länder

Schließlich verletzt er auch die Finanzautonomie der Länder. Im Bundesstaat existieren die Länder als selbständige Gliedstaaten und sind auch in finanzieller Hinsicht unabhängig. Art. 109 Abs. 1 GG formuliert ausdrücklich diesen Grundsatz, dass sie selbständig und finanziell voneinander unabhängig sind. Landeskrankenkassen zählen wie alle Stellen der mittelbaren Landesverwaltung zum Land. Diese mittelbare Staatsverwaltung steht nicht außerhalb der Finanzverfassung; vielmehr gehören Gemeinden, Städte und Kreise, Zweckverbände und Anstalten der Länder ihrem jeweiligen Land an. Für die Kommunen stellt Art. 106 Abs. 9 GG diese Zuordnung klar. Zwar wird dagegen zuweilen eingewendet, die Finanzverfassung passe nicht auf die Sozialversicherung, denn hier seien eigene, beitragsfinanzierte monetäre Kreisläufe organisiert. Der Einwand enthält jedoch kein verfassungsrechtliches Argument. Die Aussage, dass sie nicht auf die Sozialversicherung passen würde, sagt letztlich nur, dass es dem jeweiligen Autor nicht passt, die finanzverfassungsrechtlichen Regelungen anwenden zu müssen. Auf diese Weise kann man der umfassenden Geltung des Grundgesetzes nicht entfliehen. Es gab zahlreiche Versuche seit Bestehen des Grundgesetzes, für einige Bereiche seine Geltung auszuschließen, weil sie für aktuelle politische Pläne hinderlich war. Sie haben sich richtigerweise in Rechtsprechung und Literatur nie durchgesetzt. So hat man in den Fünfziger Jahren mit dem Begriff des justizfreien Regierungs- oder Hoheitsaktes eine Exemtion vom Grundgesetz versucht. Sodann sollte das Steuerrecht nicht an die Grundrechte gebunden sein. Das Verwaltungsprivatrecht wollte man auf dieselbe Weise den Normen der Verfassung entziehen, indem man nur die öffentlich-rechtlichen Organisations- und Handlungsformen an Grundrechte binden wollte. Danach versuchte man, das Besondere Gewaltverhältnis einzusetzen, um im Recht der Beamten, Schüler, Studenten und Strafgefangenen den Grundrechten auszuweichen. Zuletzt hat man beim Streit um den Finanzausgleich eine mangelnde Justiziabilität der Finanzverfassung behauptet, um nicht an die Norm des Art. 107 GG gebunden zu sein. Das Bundesverfassungsgericht hat unter Hinweis auf die Formenstrenge und Formenklarheit der Finanzverfassung, die einen Rahmen für den politischen Prozess biete und deshalb keine Aufweichung erlaube, solche Versuche stets zurückgewiesen. Ebenso wenig wie früher die Flucht aus dem öffentlichen Recht ins Privatrecht von den Bindungen der Grundrechte befreite, kann heute eine Flucht in die mittelbare Staatsverwaltung die Sozialversicherung von den Normen des Grundgesetzes ausnehmen.

Der Transfer im RSA über die Grenzen eines Bundeslandes aus dem Haushalt einer Landeskrankenkasse in ein anderes Land oder in den Bundesbereich verletzt die Finanzautonomie des Landes, weil der Transfer von einem Bundesgesetz erzwungen wird. Der Bund greift in die Kasse der Länder, verwendet die dort zweckgebundenen Gelder wie seine fungiblen Bundesmittel aus Steuergeldern für die Zwecke anderer Länder oder der eigenen Bundeskrankenkassen. Die monetäre Unabhängigkeit der Länder ist damit beeinträchtigt.

XII. Keine verfassungsrechtliche Exemtionsnorm

Eine ausdrückliche, verfassungsrechtliche Gestattung einer Durchbrechung der Finanz- und Ausgabenautonomie der Länder im Grundgesetz liegt dafür nicht vor. In der Literatur wird dazu der Grundsatz der Beitragssolidarität bemüht, der eine Angleichung der Prozenttarife der Krankenkassen durch Ausgleichsleistungen erlauben würde. Ein Grundsatz der Beitragssolidarität kann den Eingriff in die Finanzautonomie der Länder jedoch nicht begründen. Zum einen wird der Grundsatz vom RSA überhaupt nicht verfolgt. Sein Zweck ist der Ausgleich von Wettbewerbsstrukturen, die gezielte Finanzierung des Aufbaus Ost bei den Krankenkassen, teilweise sogar deren Entschuldung. Der Gesetzgeber geht sogar selbst davon aus, dass sich durch den RSA Beitragssätze aufspreizen, d. h. eine entgegengesetzte Wirkung ausgelöst wird. Dieser Effekt ist, wie das Beispiel der AOK Sachsen eindrücklich zeigt, in der Tat auch eingetreten. Rechtlich ist ferner die Existenz eines derartigen Grundsatzes der Beitragssolidarität sehr fraglich. Solidarität kann allenfalls innerhalb einer Versichertengemeinschaft aus natürlichen Personen, aber nicht zwischen Körperschaften des Öffentlichen Rechts bestehen. Bei Unterschieden im Beitragssatz müsste der Bund Solidarität zeigen und nach Art. 120 Abs. 1 S. 4 GG selbst die finanzielle Lücke schließen, um identische Beitragstarife zu erreichen.

Zudem stützt sich dieser angebliche Grundsatz auf Art. 3 GG. Er würde ein Grundrecht, das Staatsfreiheit und sachgerechte Gesetzgebung garantiert, unter der Hand in eine Ermächtigungsgrundlage für den Staat zu Eingriffen verwandeln. Die nach §§ 29 ff. SGB IV in verschiedene Krankenkassen mit eigenen Beiträgen und eigenem Haushalt sowie in gesonderte Versichertengemeinschaften gegliederte Organisation der Krankenversicherung ist ersichtlich vom einfachen Gesetz auf Differenzierung angelegt. Dieses personell, organisatorisch und finanziell reich gegliederte Krankenkassensystem wird vom RSA im Haushaltswesen in eine bundeseinheitliche Struktur überführt. Er ruft zur Zeit einen Systembruch hervor. Während die Strukturen, Abgaben und Haushalte der Krankenkassen auf eine Versicherung in eigenständigen Risikogemeinschaften abzielen, wird diese Entscheidung zur gesetzlichen Ausdifferenzierung der GKV vom RSA durch einen Gegenstrom finanzieller Bundeseinheitlichkeit unterlaufen.

Zuletzt könnte ein Grundsatz der Beitragssolidarität allenfalls das Ziel gleicher Prozentsätze in den Beiträgen legitimieren, aber nicht jeden Weg zu diesem gewünschten Ergebnis rechtfertigen. Verfassungswidrig ist aber die Methode des RSA für dieses Ziel. Griffe der Bund zum eigenen Zuschuss, wäre das Ziel auf verfassungskonforme Weise, nämlich mit ausdrücklicher Billigung des Art. 120 Abs. 1 S. 4 GG, zu erreichen.

Eine andere Auffassung stützt den RSA auf Art. 87 Abs. 2 GG. Nach ihm werden die Krankenkassen in der Form der öffentlich-rechtlichen Körperschaft geführt. Das Bundesverfassungsgericht hat in einem Urteil zur Organisation der Sozialversicherung festgestellt, dass Art. 87 Abs. 2 GG es erlauben würde, die Krankenkassen in einer einzigen Bundesanstalt zusammenzuführen. Mit diesem extremen Beispiel wollte es belegen, dass das Grundgesetz den Begriff der Körperschaft nicht im Sinne des verwaltungsrechtlichen Organisationsrechts verwendet, sondern nur allgemein die mittelbare Staatsverwaltung in allen denkbaren Formen anspricht, und dass die Existenz von Krankenkassen der Länder nicht verfassungsrechtlich garantiert wird. Es wird also die Bildung einer eigenen, bundesweiten Kasse vom Grundgesetz nicht ausgeschlossen. Auf dieses Urteil stützen sich die Verfechter der These, der RSA sei durch Art. 87 Abs. 2 GG gerechtfertigt; wenn die GKV in einer einzigen bundesweiten Kasse zusammengefasst werden könne, sei auch eine partielle Zusammenführung eines Teils ihrer Finanzierung in Bundeseinheitlichkeit gestattet. Art. 87 Abs. 2 GG ist jedoch eine Organisationsvorschrift, die sich mit dem Aufbau der Verwaltung befasst, aber finanzielle Fragen überhaupt nicht berührt. Die isolierte Zusammenführung von Haushalten ist kein milderes Mittel zur Bildung einer Gesamtorganisation. Der Bund darf eventuell vielleicht die bisherigen Krankenkassen in einer einzigen, riesigen Bundeskasse zusammenfassen; das hätte auch zur Folge, dass die Bundeskassen alle Beiträge einziehen und in ihrem bundesweiten Haushalt intern verteilen könnte. Wird aber partiell und allein die Finanzierung der Krankenversicherung bundesweit organisiert und trotzdem dabei die Organisation in differenzierte, einzelne Krankenkassen der Länder belassen, pickt sich der Bund bei einer solchen Reform lediglich die Rosinen heraus, ohne die ihm lästige Gesamtzuständigkeit für Organisation, Verantwortung, Aufsicht und die Anstaltslast für seine dann entstandene Bundeseinheitsversicherung zu übernehmen. Art. 87 Abs. 2 GG kann den RSA nicht rechtfertigen, weil dieser kein minus zur Organisation darstellt und die Grundgesetznorm allein eine Umorganisation erlaubt.

Art. 107 Abs. 2 GG sieht einen Finanzausgleich vor, der einen horizontalen Finanzausgleich zwischen den Ländern enthält; er wird von einem Bundesgesetz geregelt. Auf diese Grundlage lässt sich der RSA nicht stützen. Der horizontale Finanzausgleich nach Art. 107 Abs. 2 GG gleicht Finanzkraft und abstrakten Finanzbedarf nach anderen Verteilungskriterien zwischen den Staatshaushalten der Länder aus. Seine Leistungen sind nicht zweckgebunden. Der RSA vollzieht sich allein zwischen Krankenkassen und deren Haushalten und führt zu zweckgebundenen Zahlungen nach anderen Verteilungskriterien; er enthält Auflagen, z. B. das Preisveränderungsverbot nach § 313 Abs. 5 SGB V; er soll Wettbewerb, Entschuldung und Ostaufbau sichern und knüpft an bestimmten Versichertenstrukturen, demnächst an Morbiditätsrisiken, an. Er führt nicht zu Leistungen eines zweckungebundenen, finanzkraftbezogenen, horizontalen Finanzausgleich zwischen Staatshaushalten nach Art. 107 Abs. 2 GG.

XIII. Ergebnis

Als Endergebnis bleibt ein RSA übrig, der immer mehr anwächst, das Volumen des horizontalen Finanzausgleichs bereits überschritten hat und dennoch ohne jegliche Ermächtigungsgrundlage in der Verfassung dasteht. Er verstößt gegen die Länderautonomie im Finanzwesen, gegen den Gleichheitssatz und gegen das ausdrückliche Gebot des Art. 120 Abs. 1 S. 4 GG, dass der Bund die Haushaltslücken bei den Krankenkassen decken muss.

Als Fazit bleibt somit festzuhalten: Der RSA war als Idee gut gemeint, ist aber weder zu Ende gedacht noch konsequent durchgeführt worden. Er ist mittlerweile im Volumen förmlich explodiert und verhindert den notwendigen Wettbewerb in der Krankenversicherung, statt ihn strukturell zu sichern. Zudem ist er verfassungswidrig. Er sollte deshalb schnell im Volumen zurückgeführt und völlig beseitigt werden. Andere brauchbare Lösungen für die Probleme differenter Beitragssätze und unterfinanzierter Kassen stehen längst bereit.

Möglichkeiten und Grenzen eines Wettbewerbs in der Krankenversicherung

Von Manfred Schulz

I. Was ist eigentlich Wettbewerb?

Wettbewerb ist die freie Entschluss- und Dispositionsmöglichkeit, also Wahlmöglichkeit, aller am Wirtschaftsprozess beteiligten Personen. Jeder, der sich beteiligen will, kann und darf dies auch tun. Wettbewerb findet immer dann statt, wenn der Kunde die Wahl zwischen mindestens zwei Alternativen hat. Das ist nichts anderes als Wahlfreiheit.

- Wahlfreiheit ist einer der wichtigsten Bestandteile unserer Demokratie.
- Wahlfreiheit führt dazu, dass der Anbieter sich anstrengt in Leistung, Qualität und Preis – „wer wird schon gerne abgewählt?"
- Wahlfreiheit bewirkt i. d. R. überprüfbare Qualität – die hat zwar auch ihren Preis, aber „wer will schon schlechte Qualität?"
- Wahlfreiheit führt damit zu mehr Transparenz – mangelnde Transparenz beklagen wir alle doch landauf und landab. Nicht zuletzt meinen wir damit latent auch immer die Übernahme von Selbstverantwortung durch unsere Versicherten.

Wahlfreiheit und Wettbewerb sind dann also keine Ziele per se, kein Selbstzweck, sondern dienen dem Kunden – in unserem Fall den versicherten Bürgern. Diese Bürger dürfen wählen, Häuser bauen und Schulden machen. Sie dürfen Kinder erziehen oder verziehen und 250 km/h auf unseren Autobahnen fahren. Sie dürfen ihr Geld in Spielcasinos lassen und schon im Kindesalter uneingeschränkt und ohne Kostengrenzen mit Handys telefonieren und SMS verschicken. Aber Sie dürfen nicht entscheiden, wo und wie sie ihre Kopfschmerztabletten beziehen – oder ob Sie den Hausarzt aufsuchen oder direkt zum Urologen gehen. Und niemand zeigt ihnen auf, was die von ihnen nachgefragten Leistungen eigentlich kosten.

Gestatten Sie mir an dieser Stelle, kurz aus einem Internet-Chat im Forum des SPIEGEL ONLINE zu zitieren. Auf dieses Zitat bin ich zufällig gestoßen; es macht aber deutlich, mit welchen Widersprüchen wir leben:

„... Ein durchschnittlicher fachärztlicher Internist kann pro Quartal und Kassenpatient in Berlin maximal so um die 40 € Honorar brutto bekommen. Dann ist Sense. Auch wenn der Kassenpatient nun sechsmal oder noch öfter ‚antanzt'. (Man frage seinen Friseur, wie oft er für max. 40 € einem die Haare schneidet!) ... So mancher Arzt wäre mit der 15-€-Gebühr pro Besuch viel besser dran – wenn er die 15 € behalten dürfte. Doch das wäre wiederum zu einfach ... Übrigens mein Friseur nimmt genau 15 € pro Herrenschnitt (nass). Brutto. Zuzüglich Trinkgeld. Er fragt nie, ob man ‚Kasse' oder ‚Privat' ist. Es ist ihm wurscht. Hauptsache, er kriegt sein Geld. So einfach ist das ... Damenfrisuren sind natürlich nicht so billig zu haben. Mein Friseur ist doch kein Arzt ..."

Überall da, wo Wettbewerb zugelassen ist, funktioniert er über die täglichen Wahlentscheidungen der Kunden – ob beim Friseur oder bei der Automarke – ob bei der Wahl der Telefongesellschaft oder beim Metzger, der sie fragt: „Darf es ein wenig mehr sein?" und Ihnen 30 Gramm Schinken mehr verkauft, wenn Sie nicht widersprechen. Lassen wir die Kunden im Gesundheitswesen, die Patienten, doch auch frei entscheiden!

Wenn es denn mal so einfach wäre! Wir brauchten in Deutschland in 25 Jahren über 50 neue Gesetze mit mehr als 7.000 Regelungen. Das ist im Schnitt fast pro Arbeitstag eine neue Regelung, weil Wettbewerb im Gesundheitswesen nach Aussagen durchaus prominenter Verantwortlicher nicht gelten kann.

- „Der ärztliche Beruf ist kein Gewerbe" (Berufsordnung der Ärzte).
- „Gesundheit eignet sich nicht für Wettbewerb" (Ursula Engelen-Kefer).
- „Wettbewerb im Gesundheitswesen ist nicht gleichzusetzen mit Warenwettbewerb" (Bert Rürup).
- „Ich weiß überhaupt nicht, was Sie wollen. Das SGB V ist ‚clean' von dem Begriff Wettbewerb" (Richter am BSG am 24. 01. 2003).
- „Das Urteil des BSG zum Risikostrukturausgleich ermöglicht endlich einen fairen Wettbewerb zwischen den Krankenkassen" (Bundesministerium für Gesundheit und Soziale Sicherung am 24. 01. 2003).

Am verständlichsten erscheint mir in diesem Zusammenhang noch die Aussage des Bundesrichters – denn heutige Gesetze spiegeln ja nur die Kompromisse der Vergangenheit und nicht die heutigen Anforderungen der Kunden, erst recht nicht die Anforderungen der Zukunft. Allerdings vermisse ich auch hier so etwas wie „Weiterentwicklung der Rechtsprechung".

II. Gibt es gar keinen Wettbewerb in der GKV?

In Lahnstein hat man 1992 im Konsens der großen Volksparteien offiziell den Wettbewerb auch in der gesetzlichen Krankenversicherung (GKV) eingeläutet und die Wahlrechte von Versicherten erweitert. Erreicht werden sollte die Beitragssatzstabilität, die Vermeidung von Belastungsunterschieden der Beitragszahler und eine Erhöhung von Effizienz und Effektivität. Bis heute heißt das nur, dass sich die Versicherten eine Krankenkasse aussuchen dürfen. Und es gibt das viel gepriesene und häufig verfluchte Nebeneinander von GKV und privater Krankenversicherung (PKV). Das wars. Richtiger Wettbewerb ist etwas anderes.

Bisher gibt es kein Denken über Veränderungen althergebrachter Vertragsmonopole, sondern vorherrschend sind vielmehr virtuelle Betriebskrankenkassen mit teilweise unseriösen Beitragsangeboten, Jagd auf die so genannten „guten Risiken", teilweise sanierte Allgemeine Ortskrankenkassen, zugegeben nur einzelne, und ansonsten massiv verschuldete Krankenkassen mit dramatisch höheren Beiträgen als noch zur Lahnstein-Zeit.

Natürlich liegt das nicht an Lahnstein – vielmehr haben wir heute Situationen zu meistern, die vor 11 Jahren noch sehr weit weg schienen, die heute aber eine völlig neue Qualität in den Argumenten fordern, nämlich

- die demografische Entwicklung,
- die rückläufigen Erwerbstätigenzahlen,
- der medizinische und medizintechnische Fortschritt sowie
- unterschiedliche Systeme innerhalb Deutschlands und in unserem Verhältnis zur EU.

(Siehe hierzu die Grafiken auf der Folgeseite).

Alle Probleme sind hinlänglich bekannt und werden sich so schnell nicht ändern, weil ja die jungen Hoffnungsträger alle schon geboren – bzw. besser gesagt – nicht geboren sind. Der Bundeskanzler hat es auf den Punkt gebracht, als er sagte: „Es scheint, als hätten wir die Probleme, die seit zwanzig Jahren auf dem Tisch sind, nicht ernst genug genommen."

Deshalb ist es geboten, über Alternativen sowohl zu den Einnahmen als auch zu den Ausgaben nachzudenken. Wenn man die soziale Marktwirtschaft als deutsches Erfolgsmodell innerhalb der Europäischen Union und damit auch die sozialen Sicherungssysteme erhalten will, dann brauchen wir ganz rasch grundlegende Reformen auf beiden Seiten. Und auch die Beseitigung von mittlerweile vorhandenen Schieflagen.

III. Verzerrter Wettbewerb auf der Einnahmeseite

Es ist kein Geheimnis, dass wir den Risikostrukturausgleich (RSA) für falsch halten.

Selbst das BSG, mit dessen Urteil vom Januar wir nicht sehr zufrieden sind, hat erklärt, dass die Akzeptanz des RSA leidet, wenn Zahlerkassen große Teile ihres Beitragsaufkommens in den RSA einzahlen müssen und sie dadurch vereinzelt

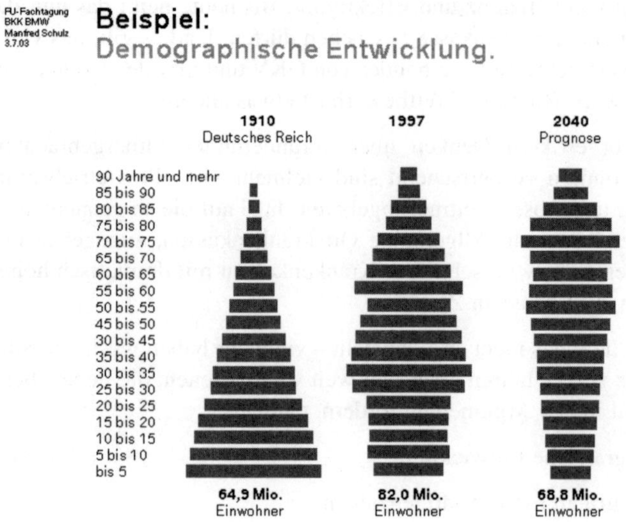

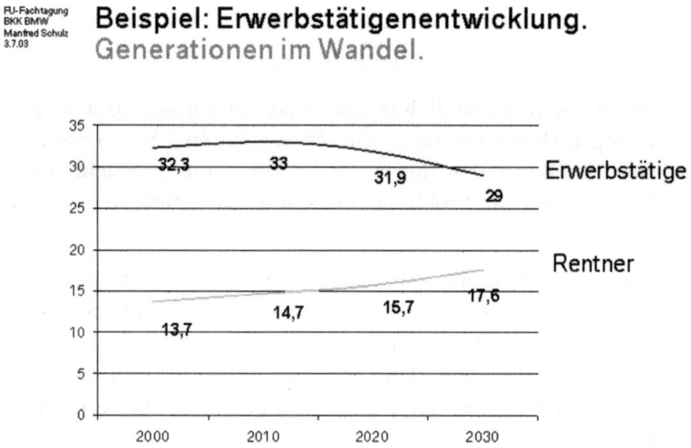

Beitragssätze sogar höher festsetzen müssen als manche mit ihnen konkurrierende Empfängerkassen.

Das BSG hat also erkannt, dass es trotz der vorhin genannten Aussage sehr wohl eine Konkurrenz gibt (und das ist ja wohl Wettbewerb) und hat dem Gesetzgeber dringend empfohlen, ihn zu entschärfen und nicht noch weiter zu verfeinern. Genau das ist aber mit den Desease Management Programmen (DMP) und weiteren Maßnahmen geplant. Deshalb darf es auch nicht verwundern, dass ganz bedeuten-

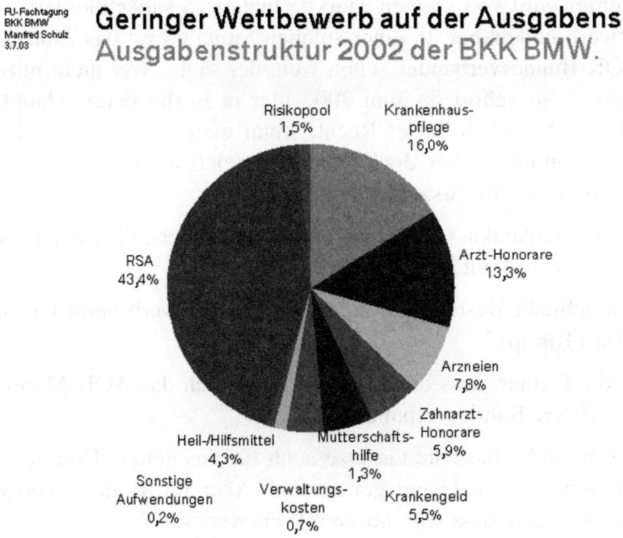

de Kassen bereits ausgearbeitete Klagen in den Schubladen haben und nur auf die ersten DMP-Bescheide warten.

Man stelle sich vor, Daimler Chrysler müsste BMW sponsern oder Lidl die ALDI-Kette. In der GKV geschieht das aber tatsächlich. Zwei Beispiele:

An einem Werksstandort eines großen deutschen Automobilherstellers mit geschlossener (RSA-Zahler-) BKK bietet die dortige (RSA-Empfänger-) AOK für dessen Mitarbeiter einen Sondertarif an. Das ist in dreierlei Hinsicht eigenartig. Erstens frage ich mich, wie die übrigen AOK-Versicherten in dem Gebiet mit ungleichen Beitragssätzen leben, zweitens sponsert die BKK die Konkurrenz im eigenen Haus und drittens – und jetzt wird's bunt – argumentiert die AOK mit den dann niedrigeren Arbeitgeberbeiträgen (= Personalzusatzkosten). Abgesehen von der internen Verquickung zwischen den beiden Kassen zahlen wir mit unserem RSA-Anteil damit indirekt für die Senkung der Personalkosten unseres Wettbewerbers (zugegebenermaßen sehr indirekt und sicherlich auch finanziell zu vernachlässigen – nicht jedoch von der Systematik). Wir verstehen uns im Übrigen mit diesem Wettbewerber in dieser Frage ausgezeichnet.

Das zweite Beispiel trifft uns aber unmittelbar. Die Überzeugungsarbeit an dem neuen BMW-Standort Leipzig kostet viel Kraft. Unsere dortigen neuen Mitarbeiter können nämlich jederzeit damit argumentieren, dass die AOK Sachsen mit 12,9 % um einen ganzen Prozentpunkt unter unserem Beitragssatz liegt. Und das ist Wettbewerb verkehrt, denn immerhin wird die AOK Sachsen zu mehr als einem Drittel ihres Beitragsaufkommens aus dem RSA subventioniert, den wir mit 43 % füttern.

Der Marktführer wird von kleinen Marktteilnehmern subventioniert – in einem echten Wettbewerb undenkbar. In einer solchen Situation tut das Zitat des Vorsitzenden des AOK-Bundesverbandes schon weh, der sagt: „Wer nicht mitmacht, ist weg vom Fenster.“ So gehört im Juni 2003 hier in Berlin beim „Hauptstadtkongress Gesundheit“. Natürlich hat er Recht, wenn man den Wettbewerb in seiner reinen Form ernst nimmt. Aber doch bitte bei gleichen Bedingungen. Folgende Zitate möchte ich in diesem Zusammenhang anführen:

- „... kann eine Krankenkasse sich das nicht leisten, scheidet sie aus dem Wettbewerb aus ...“ (Karl Lauterbach).
- „Wettbewerb schließt Bestandsgarantien aus; Wettbewerb heißt Gewinner und Verlierer“ (Bert Rürup).
- „... besteht die Gefahr, dass das KV-Monopol durch das AOK-Monopol abgelöst wird ...“ (BKK-Bundesverband).

Wir wissen sehr wohl, dass die Gesetze auch für uns gelten. Und dass wir vom Markt müssen, wenn wir nicht gut genug sind. Aber im Moment können wir ja noch nicht einmal zeigen, dass wir „unseren Preis wert sind“.

Wir sind immer noch auf der Einnahmenseite der Krankenversicherung. Und dabei ist es geradezu unerlässlich, auf einen Fehler in den aktuellen politischen Diskussionen hinzuweisen. Die beiden derzeit zur Diskussion stehenden Einnahmevarianten (bekannt als Y-Modell der Rürup-Kommission) werden wahrlich falsch diskutiert. Das Modell einheitlicher Kopfprämien sagt in der reinen Lehre zunächst einmal nichts anderes aus als die Abkoppelung vom Einkommen und eine Verbeitragung aller Erwachsenen. Alles andere ist in diesem Modell beliebig denkbar. Die „Bürgerversicherung“ dagegen ist – ebenfalls in der einen Lehre – zunächst einmal nichts anderes als die Frage, wer in einem neuen System versichert sein soll. Auch in diesem Modell ist alles andere beliebig denkbar.

Erst die Verquickung mit anderweitigen politischen Interessen und Zielen – wie etwa der Frage, ob eine paritätische Finanzierung und / oder die Einbeziehung anderer Einkünfte erfolgen soll – macht diese beiden Ansätze zu einem vermeintlichen Gegensatzpaar. Prof. Wille hat das in seinem Vortrag im Rahmen der 1. Berliner Gespräche zum Gesundheitsrecht verdeutlicht, und Prof. Rürup hat es im Juni 2003 beim „Hauptstadtkongress Gesundheit“ in Ansätzen auch getan. Sein Kernsatz war jedoch, dass beide Systeme besser sind als die derzeitige Finanzierung. Meines Erachtens ist diese wichtige Klarstellung in der Öffentlichkeit und auch bei unseren Politikern noch lange nicht verinnerlicht.

Die Ausgabenseite ist jedoch das Thema, das uns zum Wettbewerb zurückführt.

IV. Geringer Wettbewerb auf der Ausgabenseite

Wo kann also überhaupt Wettbewerb entstehen? Und welche Chancen und Risiken birgt er in den Beispielen? Ich beleuchte das stichwortartig, weil der Rahmen hier sonst gesprengt würde.

1. Krankenhausbehandlung

Durch die auch heute noch häufig regionalpolitisch bedingte Krankenhausplanung fehlt es vielfach an bedarfsorientierten Strukturen. Diesem Mangel zu begegnen wird eine der zentralen Herausforderungen zur Umsetzung der neuen Fallpauschalabrechnungen (DRG) sowohl für die Krankenhäuser als auch für die Krankenkassen, wenn letztere denn ihre Vertragsmöglichkeiten gezielt ausschöpfen.

Strukturell interessant werden in nächster Zeit regional funktionierende Ärztenetze i. S. einer integrierten Versorgung.

Für den einzelnen Patienten könnten Zuzahlungssysteme einen Krankenhausaufenthalt „attraktiver" machen – wenn der Gesetzgeber denn den Mut aufbringt, individuelle Wahlmöglichkeiten überhaupt zuzulassen. Hier wird sich ganz schnell zeigen, ob die oft beteuerte Wahlfreiheit und damit der Wettbewerb wirklich kommt.

2. Ärztliche Behandlung

Bei diesem Thema reden wir über acht Arztbesuche pro Patient und Jahr. Mittlerweile unbestritten ist, dass etwa 30% dieser 560 Mio. Arztkontakte auf Befindlichkeitsstörungen zurückgehen. Kein Wunder also, dass Stichworte wie „Patientenverantwortung" und „Zuzahlungen" oder „Sachleistung vs. Kostenerstattung" die Debatte beherrschen.

Daraus folgt die in kraftvollen Worten geführte Diskussion um das „Aufbrechen der Monopole der KV" und viel anderes kriegerisches Vokabular. Nun dürfen wir uns nicht der Illusion hingeben, dass zukünftig alle Krankenkassen mit allen niedergelassenen Ärzten Einzelverträge abschließen werden. Damit würden wir lediglich das eine Chaos in ein anderes überführen. Vielmehr müssen die heutigen Monopolverbände neue Rollen übernehmen. Sie werden sich als Ver- bzw. Einkaufsgenossenschaften und als Dienstleister der Ärzte bzw. der Kassen organisieren müssen – und nicht mehr als deren Vormünder.

Auch auf diesem Gebiet – wie schon beim Krankenhaus – können regional funktionierende Ärztenetze eine wichtige neue Rolle in der integrierten Versorgung übernehmen.

Als Vertreter einer betriebsbezogenen Krankenkasse fordere ich in diesem Zusammenhang auch eine Stärkung der betrieblichen Gesundheitsdienste, denen heute mehr verboten als erlaubt ist, obwohl sie in vielen Fällen deutlich näher an unseren Versicherten sind und deren Arbeitsbedingungen wahrlich besser kennen als so mancher Hausarzt oder Facharzt.

3. Zahnärztliche Behandlung und Zahnersatz

Hier gilt Gleiches wie bei der Arztbehandlung – möglicherweise wird es insoweit sogar die schnellsten und weitreichendsten Veränderungen geben.

4. Arzneimittel

Der Streit um den Versandhandel von Arzneimitteln ist ein weiteres gutes Beispiel für bislang verhinderten Wettbewerb. Lassen wir doch einfach zu, dass häufig benötigte Arzneimittel mit einer anderen Logistikkette an den Kunden gelangen. Dabei kann es nur um die Arzneimittel gehen, über die der Patient ohnehin mit dem Arzt schon lange nicht mehr spricht, sondern für die er von der Assistentin ein Wiederholungsrezept bekommt. Niemand kann ernsthaft behaupten, dass die Beratungsleistung des Apothekers in diesen Fällen nötig sei – wie umgekehrt niemand ernsthaft bezweifeln wird, dass es in anderen Fällen sehr wohl eine kompetente individuelle Beratung geben muss. Das Argument vom hilflosen Patienten ist ein offenkundiger interessengeleiteter Missbrauch. Und unter Marktgesichtspunkten ist dann auch klar, dass die Beratungsleistung morgen möglicherweise etwas teurer wird. Der Markt wird zeigen, wie das Gesamtsystem reagiert, wer sich mit welchen Preisen und mit welcher Beratungsqualität durchsetzt.

5. Weitere Beispiele

Ich könnte an dieser Stelle Dutzende weiterer Beispiele aufzeigen, wenn das hier nicht den Rahmen sprengen würde. Deshalb nur noch einige kurze Stichworte:

- individuelle Verträge mit Optikern, auch im Vertragsverbund mit Augenärzten;
- Direktabgabe dauernd benötigter Heil- und Hilfsmittel;
- im Hinblick auf das Krankengeld Erhöhung mit Zusatzversicherung;
- Verträge mit regionalen Anbietern sowie
- individuelle Zuzahlungen in Bezug auf Fahrkosten;
- Kuren auch im Ausland, evtl. gegen Zuzahlung;
- bei Früherkennung, Vorsorge und Rehabilitation kassenindividuelle Programme;
- hinsichtlich Beitrags- und Servicegestaltung Leistungspakete mit differenzierten Preisen.

Obwohl die Palette fast unerschöpflich ist, funktioniert es nicht. Das führt unmittelbar zu der Frage:

V. Nutznießer des Wettbewerbs – der Versicherte oder der Staat, der Kunde oder der Anbieter?

Es wäre zu begrüßen, wenn sich staatliches Handeln zukünftig auf den Schutz der Verbraucher konzentrieren würde anstatt auf den Schutz der Anbieter. Das Gesundheitswesen ist der einzige Bereich in Deutschland, in dem das so extrem ausgeprägt ist. Verständlich zwar wegen der hohen Arbeitsplatzbedeutung für Deutschland (immerhin ist das Gesundheitswesen der größte Teilarbeitsmarkt) – aber deshalb noch lange nicht richtig.

Der Patient als Nutznießer des Wettbewerbs muss und wird Eigenverantwortung übernehmen, wenn er den Nutzen sieht. Wir können ihm dann noch Anreize für „vernünftiges Handeln“ geben. Solche hat er im Moment nicht.

VI. Zusammenfassende Thesen

Lassen Sie mich mit einigen zusammenfassenden Thesen enden:

- Wettbewerb macht stark.
- Wettbewerb macht alle stärker.
- Wettbewerb ist sozial.
- Wettbewerb fordert Transparenz.
- Wettbewerb fordert Subsidiarität.
- Das Grundgesetz steht Wettbewerbsföderalismus nicht entgegen, sondern stützt und fordert ihn.
- Auch der Starke braucht Schutz, um „stark“ zu bleiben.

Modernisierung der gesetzlichen Krankenkassen durch Stärkung von Wirtschaftlichkeit und Selbstverwaltung?

Eine sozialrechtliche und verwaltungswissenschaftliche Analyse des GKV-Modernisierungsgesetzes

Von Rainer Pitschas

I. Wirtschaftliche medizinische Versorgung zwischen „Reform" und „Modernisierung"

1. „Modernisierung" der gesetzlichen Krankenversicherung

Strukturveränderungen der sozialen Sicherungssysteme in Deutschland erweisen sich für die Zukunft als unverzichtbar. Dies gilt in besonderem Maße für die gesetzliche Krankenversicherung (GKV), weil deren Einnahmebasis weiterhin gestärkt werden muss. Doch reicht die bloße Sicherung der Finanzierungsgrundlagen nicht mehr aus. Zu treffen sind vielmehr auch und gleichzeitig geeignete Maßnahmen, die nachhaltig und dauerhaft die mittlerweile in Zweifel geratene Qualität der medizinischen Versorgung stärken und hierzu traditionelle Versorgungsstrukturen überwinden. Zugleich muss die Kostenwirtschaftlichkeit der Leistungserbringung durch den Ausbau der (solidarischen) Wettbewerbsordnung erhöht werden.[1] Erforderlich werden ferner geeignete Maßnahmen, die der Strukturanpassung unseres Krankenversicherungssystems an die Erfordernisse der Binnenmarktwirtschaft in der Europäischen Union (EU) sowie an deren freiheits- und wettbewerbsrechtliche Vorgaben auch für das Gesundheitswesen dienen.[2]

---

1 Sachverständigenrat für die Konzertierte Aktion im Gesundheitswesen, Bedarfsgerechtigkeit und Wirtschaftlichkeit, 2 Bde., Gutachten 2000/2001, 2001; *Fiedler,* Eckart, Die Einnahmesituation der gesetzlichen Krankenversicherung – Erweiterung der Einnahmebasis und Beitragsgerechtigkeit, in: VSSR 2003, 241 (243 f.); *Van Langendonck,* Jef, Wirtschaftlichkeit in der Krankenversicherung, in: Butzer (Hrsg.), Wirtschaftlichkeit durch Organisations- und Verfahrensrecht, 2004, S. 71 ff.; *Pitschas,* Rainer, Die Zukunft der sozialen Sicherungssysteme, in: VVDStRL 64 (2005), Teil IV (i. Ersch.).

2 *Basedow,* Jürgen, Mehr Freiheit wagen. Über Deregulierung und Wettbewerb, 2002; *Graf von Dürckheim,* Peter, Gesundheitsschutz im europäischen Gemeinschaftsrecht, 2000; siehe ferner die Beiträge in Igl (Hrsg.), Europäische Union und gesetzliche Krankenversicherung, 1999; *Ebsen,* Ingwer (Hrsg.), Das Europäische Gemeinschaftsrecht und das deutsche Gesundheitswesen, 2005 (i. Ersch.).

Unabdingbar ist mit anderen Worten die wirkliche Erneuerung des Gesundheitswesens mit tief einschneidenden Kurskorrekturen. Es geht um „Modernisierung“ statt um den üblichen Reformtrott – bei gleichzeitiger Vergewisserung über die Reichweite eines „bereinigten Solidarprinzips“.[3] In seinen Modernisierungsbestrebungen sieht sich der Gesetzgeber in grundsätzlicher Übereinstimmung mit der weit überwiegenden Mehrheit der Bevölkerung. Die Deutschen wollen den Strukturwandel. Eine repräsentative Studie aus dem Jahr 2003 offenbart, dass 82 % der Befragten bereit sind, umfassende Reformen mitzutragen. 75 % halten es für nötig, die medizinische Versorgung zu verbessern, und 85 % wollen mehr Transparenz und Wettbewerb im Gesundheitswesen. Die Veränderungsbereitschaft der deutschen Bürger scheint also sehr viel höher, als Politik und Medien bislang angenommen haben.[4]

Ob freilich das zu Beginn des Jahres 2004 in Kraft getretene GKV-Modernisierungsgesetz (GMG)[5] tatsächlich die Forderungen nach einer Strukturveränderung des Gesundheitswesens erfüllt, scheint mir zweifelhaft. Ungeachtet der hierfür erforderlichen ökonomischen Voraussetzungen, die zur Zeit fehlen, berufen die erkennbaren Steuerungsmaßgaben des Gesetzes zwar zutreffend die kassenseitige Marktstrukturverantwortung für einen „solidarischen Wettbewerb“.[6] Zugleich stärkt das europarechtlich überformte „neue“ Gesundheitsrecht – richtig verstanden – die Eigenverantwortung der Versicherten gegenüber ihrer eigenen Gesundheit.[7] Ordnungs- und strukturpolitische Einzelregelungen, die dieser Eigenverantwortung vermeintlich Raum geben wollen, begegnen gleichwohl – wie ein strikt durchgeführtes „Hausarztmodell“ zeigen wird – wiederum (verfassungs- und gemeinschafts-)rechtlichen Bedenken. Darüber hinaus wird mit der Einschränkung der freien Arztwahl dem Versicherten sowohl ein strukturelles – ähnlich der Einführung von Fallpauschalen bei der Krankenhausbehandlung[8] – als auch gleichzei-

3 *Böckenförde,* Enst-Wolfgang, Grundlagen europäischer Solidarität, in: FAZ vom 20. 06. 2003, S. 8; *Kube,* Hanno, Äquivalenz und Solidarität im Sozialversicherungsrecht, in: Der Staat 41 (2002), 452 ff.; *Pitschas,* Rainer, Soziale Sicherungssysteme im „europäisierten“ Sozialstaat, in: Festschrift 50 Jahre BVerfG, Bd. II, 2001, S. 827 (830 f.); *Volkmann,* Uwe, Solidaritäts-Programm und Prinzip der Verfassung, 1998.

4 In dieselbe Richtung weisen die Ergebnisse der empirischen Studie zu Selbstbehalttarifen in der GKV von *Pütz,* Claudia, Selbstbehalttarife für die gesetzliche Krankenversicherung, 2003, S. 141 ff.

5 Gesetz zur Modernisierung der gesetzlichen Krankenversicherung (GKV-Modernisierungsgesetz – GMG) vom 14. 11. 2003 (BGBl. I, 2190); *Hiddemann,* Till-Christian / *Muckel,* Stefan, Das Gesetz zur Modernisierung der gesetzlichen Krankenversicherung, in: NJW 2004, 7 ff.

6 *Neumann,* Volker, Solidarische Wettbewerbsordnung statt Vertragsarztrecht?, in: NZS 2002, 561 (564); siehe ferner *Pitschas,* Rainer, Rechtsfragen des GKV-Modernisierungsgesetzes, in: ders. (Hrsg.), Finanzierungsprobleme der Gesundheitsreform und GKV-Modernisierungsgesetz, Speyerer Arbeitshefte Nr. 162, 2004, S. 35 (39, 46 ff.).

7 Siehe z. B. § 13 Abs. 2 SGB V.

8 Siehe dazu statt aller und m. w. N. *Pitschas,* Rainer, Fallpauschalen im Krankenhaus – Rechtsfragen leistungsbezogener Krankenhausentgelte, in: NZS 2003, 341 ff.

tig ein individuelles Versorgungsrisiko aufgebürdet, das er als Patient, auf sich alleine gestellt, nicht zu bewältigen im Stande ist. Die auf diese Weise ihm zugemessene „Kundenrolle" überfordert sowohl Gesunde als auch Kranke. Eben diese Fehlsteuerung prägt auch die Ansätze zur Fortschreibung der Qualitätssicherung und für den Ausbau der integrierten Versorgung, von den Zweifelsfragen ganz zu schweigen, die sich mit der Einführung medizinischer Versorgungszentren verbinden.[9] Vor allem gerät bei diesen das Rechts- und Behandlungsverhältnis zwischen Patient und Arzt durch die gesellschaftsrechtliche Transformation ärztlicher Unabhängigkeit in die Gefahr, seiner höchstpersönlichen Natur und Garantie autonomer Selbstverantwortung entkleidet zu werden.

2. *Erschließung von Wirtschaftlichkeitsreserven mit Hilfe einer solidarischen Wettbewerbsordnung*

Die Modernisierung des Gesundheitssystems durch Überwindung der traditionellen Versorgungsstrukturen soll nach dem Willen des Gesetzgebers durch Effizienzsteigerung und Kostenreduzierung erreicht werden.[10] Damit rückt die *„Wirtschaftlichkeit"* der künftigen Gesundheitsversorgung als ein zentraler Parameter in den Mittelpunkt von Gesetzesintention und Rechtsanwendung.[11] Dem Wirtschaftlichkeitsgebot soll durch Ausbau der solidarischen Wettbewerbsordnung Rechnung getragen werden, indem die wettbewerblichen Strukturen der Erschließung von Wirtschaftlichkeitsreserven und gleichzeitig der Verbesserung der Qualität dienen. Zu diesem Zweck werden einerseits durch die stärkere Verbindung der stationären mit der ambulanten Versorgung die vertraglichen Freiräume erweitert („integrierte Versorgung"). Künftig sollen hierbei auch Einzelverträge zwischen den Krankenkassen und den Leistungserbringern möglich sein.[12] Zugleich und andererseits wird für die prioritäre Inanspruchnahme des Hausarztes ein Fächer spezieller Anreize ausgebreitet.[13] Überdies werden die medizinischen Versorgungszentren zur Konkurrenz in der vertragsärztlichen Versorgung zugelassen und in das Vertrags-

---

9 *Clade,* Harald, Versorgungsstrukturen erfordern neue Strategien, in: DÄBl. 101 (2004), B 136 f.

10 Entwurf eines Gesetzes zur Modernisierung der gesetzlichen Krankenversicherung (GKV-Modernisierungsgesetz – GMG), BT-Drucks. 15/1525, Begründung, Allgemeiner Teil, S. 71 ff.

11 Zur Bedeutung und Reichweite des Wirtschaftlichkeitsgrundsatzes in der GKV siehe m. zahlr. w. N. Butzer (Hrsg.), Wirtschaftlichkeit durch Organisations- und Verfahrensrecht, 2004; *Luthe,* Ernst-Wilhelm, Optimierende Sozialgestaltung. Bedarf – Wirtschaftlichkeit – Abwägung, 2001, insbes. S. 323 ff., 364 ff.; *Jörg,* Michael, Der Umfang der vertragsärztlichen Versorgung, in: Schnapp/Wigge (Hrsg.), Handbuch des Vetragsrechts, 2002, § 10 Rn. 47 ff.; *Schnapp,* Friedrich, Der Haushaltsgrundsatz der Wirtschaftlichkeit und Sparsamkeit – im Sozialrecht und in anderen Rechtsgebieten, in: FS B. von Maydell, 2002, S. 621 (624 ff., 630).

12 § 140 a Abs. 1, § 140 b Abs. 1 Nr. 1 SGB V.

13 Siehe z. B. §§ 73b, 65a Abs. 2 S. 1 SGB V.

system einbezogen. Dieser Schritt wird darüber hinaus, so hofft man, die Verwirklichung der integrierten Versorgung fördern.[14] Neben dieser wettbewerbsgeprägten Weiterentwicklung der Versorgungsstrukturen will vor allem die neu in das GMG aufgenommene Bekämpfung von Missbrauch und Korruption im Gesundheitswesen[15] der Fehlsteuerung von Ressourcen begegnen.

3. Begriffliche Reichweite und Deutung des Wirtschaftlichkeitsgebots

Das der voraufgehend skizzierten Weiterentwicklung der Versorgungsstrukturen zugrundeliegende Wirtschaftlichkeitsgebot entfaltet eine doppelte Maßgabe. Zum einen will es ökonomische „Effizienz" verwirklichen, d. h. mit einem möglichst geringen Kostenaufwand soll das bestmögliche Versorgungsergebnis erreicht werden.[16] Dieser „Effizienz" der medizinischen Versorgung durch die Leistungserbringer steht das gleichfalls dem Wirtschaftlichkeitsgebot entlehnte Prinzip zur Seite, die Gestaltungsziele und Zwecke des Gesetzgebers in dem größtmöglichen Maß tatsächlich zu verwirklichen. In diesem Sinne wird die „Effektivität" der ambulanten und stationären Versorgung angestrebt.[17]

Freilich stellt die Wirtschaftlichkeit der medizinischen Versorgung keine ausschließlich „ökonomisch" zu beurteilende Frage dar. Vielmehr verkörpert das Wirtschaftlichkeitsgebot gleichermaßen und andererseits ein rechtliches Gebot, d. h. einen Verfassungs- und Haushaltsgrundsatz bzw. ein allgemeines rechtliches Staatsprinzip, das in alle Formenkreise staatlicher Verantwortung hineinreicht. Es ist jeder Form staatlichen Handelns vorgelagert und bildet dadurch ein kohärentes Funktionsprinzip des modernen Staates.[18] In der Konsequenz dieser Sicht liegt es, dass Wirtschaftlichkeit nicht nur die *Verwaltung* als Handlungsmaßstab bindet, sondern auch für den *Gesetzgeber* wirksam wird.[19] Das Wirtschaftlichkeitsgebot beschränkt insofern auch die legislative Gestaltungsfreiheit bei der Ausgestaltung der Gesundheitsversorgung: Der Gesetzgeber muss im Zusammenhang der Modernisierung des Gesundheitssystems die künftigen Aufgaben der Krankenkassen so gestalten, dass diese auch wirtschaftlich erfüllt werden können; dabei handelt es sich um die *Programmebene* der Krankenkassenreform. Auf der *Organisations- bzw. Verfahrensebene* erfließen dem Wirtschaftlichkeitsprinzip darüber hinaus Grenzen der

---

14 Vgl. *Clade* (Fn. 9), B 136.

15 §§ 81a, 197a SGB V.

16 Begründung (Fn. 10), S. 71, 75; zum Effizienzprinzip siehe näher *Eichhorn,* Peter, Das Prinzip Wirtschaftlichkeit, 2. Aufl. 2000, S. 140.

17 Zur Reichweite des Effektivitätsgrundsatzes vgl. wie hier *Wallerath,* Maximilian, Zielverfehlungen im Recht der sozialen Sicherung – unterschiedliche Sozialhilfedichte in alten und in neuen Bundesländern, in: Rodi (Hrsg.), Recht und Wirkung, 2003, S. 9 (16 ff.).

18 *von Arnim,* Hans-Herbert, Wirtschaftlichkeit als Rechtsprinzip, 1988, S. 38 f., 41 ff., 67 ff., 79.

19 *Grupp,* Klaus, Haushaltsrecht, in: Achterberg / Püttner / Würtenberger (Hrsg.), Besonderes Verwaltungsrecht, Bd. II, 2. Aufl. 2000, § 19 Rn. 29.

freien Gestaltung von Organisationsstrukturen der Krankenkassen. Der Gesetzgeber unterliegt insoweit einem nicht zuletzt durch den Wirtschaftlichkeitsgrundsatz der Verfassung begründeten „Gebot funktionsgerechter Organisationsstruktur“.[20]

4. Die Programm- und Organisationsstruktur der gesetzlichen Krankenkassen als Problem der Wirtschaftlichkeitssteuerung

Gesundheitspolitik und ihre gesetzliche Umsetzung stellen insofern einen Modernisierungsprozess dar, der in seiner Dynamik nur dann erfolgreich verlaufen und vor der Verfassung Bestand finden kann, wenn in ihn alle Steuerungsgrößen und mithin auch das *Wirtschaftlichkeitsgebot* als rechtlicher Gestaltungsauftrag einbezogen werden. Dieser umschließt nicht zuletzt die Organisation gesetzlicher Krankenkassen im Sinne des Wirtschaftlichkeitsgebots. Deshalb stehen der zukünftige Aufgabenbestand und die künftige Organisationsstruktur der Kassen auf dem Prüfstand einer umfassenden Wirtschaftlichkeitskontrolle. Bei näherer Betrachtung zeigt sich hierzu, dass die Prinzipien von Wirtschaftlichkeit und Wettbewerb durch die im GMG vorgesehenen Programm- und Organisationsstrukturen der Krankenkassen nicht hinreichend verwirklicht werden.

II. Wirtschaftlichkeitsdefizite der Krankenkassenmodernisierung auf der Programmebene

1. Teilweise Verlagerung des Sicherstellungsauftrags auf die Krankenkassen

Ausgangspunkt aller Überlegungen zu dieser Frage ist der teilweise Übergang des Sicherstellungsauftrags der vertragszahnärztlichen Versorgung auf die Krankenkassen und die medizinischen Versorgungszentren (§ 72 Abs. 1, § 75 SGB V). So wird sich künftig der Sicherstellungsauftrag der Kassenärztlichen Vereinigungen nur noch auf den in § 73 Abs. 2 SGB V bezeichneten Umfang erstrecken. Im Vordergrund steht dabei die hausärztliche Versorgung, an der Allgemeinärzte und Kinderärzte sowie Internisten gem. § 73 Abs. 1 S. 1 SGB V teilnehmen. Den übrigen Gebietsärzten wird jenseits des verfassungsrechtlich durch Art. 12 Abs. 1 und 14 Abs. 1 GG veranlassten Bestandsschutzes nach § 73 Abs. 1 Satz 2 SGB V mehr oder weniger angesonnen, sich freiwillig aus der KV zu verabschieden, um sodann über Einzelverträge („Einkaufsmodell“) mit den Krankenkassen oder über die von diesen finanzierten „Netze“ ihren Beruf fachärztlich auszuüben.[21] Neue Fachärzte

---

[20] Zu diesem und dessen Verankerung im Grundgesetz siehe BVerfGE 86, 1 (86): „Staatliche Entscheidungen (sollen) möglichst *richtig*“ getroffen werden (Hervorhebung vom Verf.); siehe ferner zum Gebot „funktionsgerechter“ Organisation *Stern,* Klaus, Das Staatsrecht der Bundesrepublik Deutschland. Bd. I, 2. Aufl. 1984, § 20 IV 3b.

können jedoch nur noch über Einzelverträge mit den Kassen an der ambulanten Versorgung teilnehmen. Es liegt auf der Hand, dass hierdurch erhebliche Kostenvorteile durch Kartellbildung und zugleich Wettbewerbs- bzw. Effizienzdefizite im Leistungswettbewerb der Vertragsärzte und Versorgungszentren mit Folgen für die Berufsfreiheit entstehen können.[22]

2. Zulassungsstatus für Vertragsärzte und Hausarztmodell

Prinzipiell ändert sich auch der Zulassungsstatus für Vertragsärzte. Diese haben alle fünf Jahre gegenüber der Kassenärztlichen Vereinigung einen Fortbildungsnachweis gem. § 95d Abs. 1 SGB V zu erbringen. Andernfalls droht in letzter Konsequenz die Entziehung der Zulassung (§ 95d Abs. 3 S. 7 SGB V). Dadurch wird das Berufsbild des „Freien Arztes" prinzipiell betroffen. Die „Entkernung" eigener und hergebrachter dauerhafter Weiterbildungsverantwortung gegenüber Patienten kraft Hingabe und Bindung an die ärztliche Ethik hat im Zweifel zwar vor Art. 12 GG Bestand. Der unabhängige Arzt gerät jedoch zum „Zerrbild". Seine Tätigkeit stellt sich künftig als Gewerbe unter Fortbildungsaufsicht dar, dagegen kaum noch als „freier" Beruf.

Darüber hinaus sieht sich die ärztliche Tätigkeit durch Förderung des sog. Hausarztmodells[23] neuen Bedingungen unterworfen. Ein Versichertenbonus darf die Folge bevorzugter Konsultation bei einem Hausarzt – oder bei einem hausärztlich tätigen Versorgungszentrum – sein. Gleichsam als Belohnung werden denn auch z. Zt. in einzelnen neu aufgelegten „Hausarztmodellen" die Versicherten von der Praxisgebühr (§ 28 Abs. 4 SGB V) und ggf. weiteren Zuzahlungen (§ 65a Abs. 2 S. 1 SGB V) befreit. Umgekehrt gibt es für diese Versicherten aber keinen direkten Zugang mehr zum Facharzt. Es kommt überdies durch die unterschiedliche Teilnahme an den Bonusprogrammen zur Zersplitterung der Solidar- und Beitragsstruktur, die gleichheitsrechtliche Bedenken aufwirft.

3. Einrichtung eines Instituts für Qualität und Wirtschaftlichkeit im Gesundheitswesen

Zugleich ändert sich die ärztliche Vergütung. Während Hausärzte künftig grundsätzlich eine Kopfpauschale erhalten, sollen die Fachärzte später, wie bei der Leistungserbringung im stationären Sektor, nach Fallpauschalen unter Bezugnahme auf

---

21 Vgl. §§ 64, 73a SGB V.

22 *Pitschas,* Rainer, Neue Versorgungs- und Vergütungsstrukturen in der gesetzlichen Krankenversicherung im Wirkfeld der Gesundheitsverfassung, in: VSSR 1998, 253 (262 f.); skeptisch dagegen *Neumann* (Fn. 6), S. 565 m. w. N. in Anm. 44, der Art. 12 Abs. 1 GG nicht als verletzt ansieht.

23 § 73b i. V. m. § 65a Abs. 2 SGB V.

bestimmte Leistungskomplexe honoriert werden. Darüber hinaus könnten künftig die Vergütung für fachärztliche Leistungen von der Beachtung bestimmter Leitlinien abhängig gestellt sein, die das neugeschaffene „Institut für Qualität und Wirtschaftlichkeit im Gesundheitswesen" maßgeblich mitbestimmen wird. Denn ihm obliegt die Bewertung evidenzbasierter Leitlinien für die epidemiologisch wichtigsten Krankheiten (§ 139a Abs. 3 Nr. 3 SGB V). Auf diese Art und Weise erhalten die Krankenkassen die Möglichkeit, direktiv mengen- und qualitätsgesteuert Leistungen für ihre Versicherten vorzuschreiben.

In alledem liegt ein prinzipieller Eingriff des Gesetzgebers in die freie Beruflichkeit der Ärzteschaft, weil diese institutionalisierte Fremdsteuerung der professionellen Leistungsverantwortung und -erbringung dem Arztberuf fremd ist.[24] Art. 12 Abs. 1 GG verschafft hierfür keine Legitimation, zumal die Einflechtung des „Instituts" in die Normsetzung durch die Gemeinsame Selbstverwaltung, also durch den Gemeinsamen Bundesausschuss demokratiestaatliche Nachfragen provoziert.[25]

4. *Effektivitätsdefizite*

Ausdrückliches Ziel des GMG ist der Ausbau einer solidarischen Wettbewerbsordnung bei gleichzeitiger Stärkung der ökonomischen Effizienz medizinischer Versorgung. Namentlich soll durch Wettbewerb ermöglicht werden, noch verborgene Wirtschaftlichkeitsreserven zu erschließen und die Qualität der Gesundheitsversorgung zu verbessern. Der *Zielerreichungsgrad* der im GMG vorgeschlagenen Regelungen (= Effektivität)[26] bleibt allerdings auf der *Programmebene* gering. Die skizzierten Veränderungen in den Versorgungsstrukturen führen sukzessive zu einem Anbietermonopol der Krankenkassen, deren künftige Aufgabe es sein soll, Versorgungslücken zu schließen. Darunter leidet die Wahlfreiheit der Patienten ebenso wie die Eigenverantwortung der Versicherten. Das Gesetz öffnet gleichwohl den dadurch eingeschlagenen Weg in einen nach ausländischen Erfahrungen ineffektiven nationalen Gesundheitsdienst unter weitgehender Zerstörung von freiberuflich verantworteter Versorgung noch weiter. Denn es stellt die konkurrierende Form öffentlich-rechtlicher Versorgungszentren („Polikliniken")[27] als Einfalltor zu einer staatlich angeleiteten Medizin der Versorgung durch niedergelassene Ärzte bewusst zur Seite.

---

24 Vgl. *Pitschas,* Rainer, Recht der Freien Berufe, in: R. Schmidt (Hrsg.), Öffentliches Wirtschaftsrecht, Besonderer Teil, Bd. 2, 1996, § 9 Rn. 14, 18 f., 20, 22, 30, 69; *Sodan,* Helge, Freie Berufe als Leistungserbringer im Recht der gesetzlichen Krankenversicherung, 1997, S. 161 ff., 193 f.

25 Dazu weiter unten im Text um und zu Fn. 54 f.

26 Zu diesem Verständnis von „Effektivität" siehe erneut *Wallerath* (Fn. 17), S. 16.

27 Den (nicht stimmigen) Vergleich mit den ehemaligen Polikliniken der DDR zieht z. B. *Richter-Kuhlmann,* Eva, Medizinische Versorgungszentren – Gewinner der Reform, in: DÄBl. 100 (2003), B 2380.

Nicht zuletzt tragen dann die in § 140 Abs. 2 SGB V weiterhin vorgesehene Möglichkeit, für die Kassen eigenwirtschaftliche Gesundheitseinrichtungen zu gründen, und die ferner in § 194 Abs. 1a SGB V enthaltene Ermächtigung zum Abschluss privater Zusatzversicherungsverträge dazu bei, den Spielraum der privaten Krankenversicherung (PKV) einzuengen, ohne die GKV selbst unmittelbar dem privaten Wettbewerbsrecht zu unterwerfen. Insgesamt werden durch diese Aufgabenveränderung den gesetzlichen Kassen ansonsten von der Rechtsordnung untersagte Preiskartelle und –absprachen ebenso ermöglicht, wie sich die europarechtlich allgemein inhibierte, aber durch den Europäischen Gerichtshof im Hinblick auf die Arzneimittelversorgung durch Sozialleistungsträger („Festbeträge") zugelassene Diskriminierung einzelner Leistungsanbieter erlaubt sieht. Immerhin dürfte die Option, wonach Krankenkassen in Zukunft mit der PKV Kooperationen eingehen dürfen[28], den Wettbewerb unter den gesetzlichen Kassen und dieser mit der PKV zugunsten eines stärker differenzierten Dienstleistungsangebotes intensivieren.

III. Modernisierung des Organisationsrechts der Krankenkassen

1. Zur Organisationslage

Gehen wir nunmehr von der Programm- auf die Organisationsebene der Krankenkassenmodernisierung über. In der Bundesrepublik Deutschland existierten im August 2002 insgesamt 323 Krankenkassen in der sozialen Krankenversicherung.[29] Am Beginn des Jahres 2004 standen sodann den ca. 70 Millionen gesetzlich Krankenversicherten noch 290 Kassen offen, darunter 255 Betriebskrankenkassen (BKK).[30] Diese Zahlen dokumentieren den bisherigen Endpunkt einer kontinuierlichen Verringerung der Kassenzahl seit dem Krankenversicherungs-Weiterentwicklungsgesetz von 1976.[31] Allerdings scheint mir dieser Bestand der *Kassen* noch immer viel zu hoch zu sein. Viele der kleinen Kassen können der Aufgabenübertragung durch das SGB V nicht mehr in wirtschaftlicher Weise gerecht werden. Denn nur der Zusammenschluss zu größeren Krankenkassen macht diese auf Dauer wettbewerbs- und leistungsfähig. Insbesondere durch *Kassenarten übergreifende Fusionen* könnten bisher ungenutzte Potentiale erschlossen werden. Auf diese Weise ließen sich nämlich Verwaltungskosten einsparen – die zwar bei den BKK'en nur zwei Drittel des GKV-Durchschnitts ausmachen, doch insgesamt noch zu hoch liegen und die im Jahr 2004 im Vergleich zu 2003 um 0,6 Prozentpunkte wiederum zugenommen haben –, die Kundenbetreuung verbessern und die Verhandlungsposition gegenüber den Leistungserbringern stärken. Vor allem aber lässt

---

28 § 194 Abs. 1a SGB V.

29 BKK-Bundesverband, zit. nach FAZ vom 22. 01. 2004, S. 11; noch im Jahr 1991 gab es 1235 Krankenkassen, vgl. *Schnapp,* Friedrich, Organisationsrecht, in: Schulin (Hrsg.), Handbuch des Sozialversicherungsrechts, Bd. 1: Krankenversicherungsrecht, 1994, § 49 Rn. 251.

30 FAZ (Fn. 29), S. 11.

31 Gesetz zur Weiterentwicklung des Kassenarztrechts vom 28. 12. 1971 (BGBl. I, 3871).

sich erst ab einer gewissen Größe unter dann leistungsstarken wenigen Kassen der Preis- und Qualitätswettbewerb durchschlagend steigern. Nicht zuletzt mit Blick auf diese Vorteile hat die Zahl der Kassen, die noch im Jahr 1992 mehr als 1200 Krankenkassen umfasste, auf den schon oben genannten derzeitigen Bestand abgenommen. Dabei fusionierten im Jahr 2003 wiederum 55 Kassen untereinander[32], wovon 47 BKK'en waren, was den Modernisierungsbedarf in dieser Kassensparte nachträglich bestätigt. Es würde allerdings in die Irre führen, weitere Konzentrationsprozesse allein den Entscheidungen eines eingeschränkten Wettbewerbs zu überlassen.

Freilich sind mit solchen Organisationsveränderungen einige gewichtige Probleme verbunden. So können in der wirtschaftlich allein sinnvollen Perspektive einer Föderalisierung bzw. *Regionalisierung* der Kassen[33] marktbeherrschende Stellungen einzelner unter ihnen entstehen, die wiederum den vertieften Wettbewerb blockieren würden. Der Konzentrationsprozess bei den Krankenkassen zugunsten eines Preis-, Leistungs- und Qualitätswettbewerbs unter ihnen in jeder Region benötigt deshalb präzise Regulierungsmaßgaben in Gestalt eines öffentlichen Sozialwettbewerbs- und Regulierungsrechts.

Auch für die *Ärzte* entstünden insbesondere durch Kassenarten übergreifende Fusionen neue Problemlagen. Denn angesichts einer doch beträchtlichen Verringerung der Kassenzahl würden sich in der Folge die von der Politik bevorzugten Einzelverträge zwischen Ärzten und Krankenkassen auf eine immer kleinere Zahl kassenseitiger Vertragspartner beschränken. Dadurch aber wäre die Ärzteschaft auf Vertragsabschlüsse mit womöglich marktbeherrschenden Anbietern angewiesen.

2. *Gesetzgeberische Arrangements*

Die vor diesem Hintergrund an den Gesetzgeber adressierten Erwartungen, die Zahl der Krankenkassen radikal zu verringern und Kassenarten übergreifende Fusionen so schnell wie möglich herbeizuführen, sind durch das GMG enttäuscht worden. Alle zur „Modernisierung" des Organisationsrechts der Krankenkassen eingeführten Regelungen bleiben insofern „mager". Kassenarten übergreifende Fusionen werden weder zugelassen noch gesetzlich als Pflicht aufgegeben.[34] Essentielle Änderungen werden im Übrigen nur für Kassenarten intern vorgesehen

---

32 FAZ (Fn. 29), S. 11.

33 *Pitschas,* Rainer, Föderalismus und Regionalisierung in der Sozialversicherung aus wissenschaftlicher Sicht, in: LVA Baden (Hrsg.), Föderalismus und Regionalisierung in der Sozialversicherung, 1996, S. 65 (68 f.); *ders.,* Subsidiärer Sozialstaat und solidarischer Föderalismus – Zur Regionalisierung der Sozialversicherung im sozialen Bundesstaat, in: Linzbach / Lübking / Scholz / Schulte (Hrsg.), Die Zukunft der sozialen Dienste vor der Europäischen Herausforderung, 2005, S. 201 (215 ff., 217, 220).

34 Anders noch der „Arbeitsentwurf" eines „Gesundheitsmodernisierungsgesetzes" vom 12. 05. 2003, der in § 171a GMG-E die Kassenarten übergreifende Vereinigung von Krankenkassen optional vorsah.

(§§ 143 ff. SGB V). So kann eine Landesregierung zwar unter bestimmten Voraussetzungen nach wie vor für Ortskrankenkassen Fusionen herbeiführen (§ 145 f. SGB V); die anderen Kassenarten werden jedoch keiner vergleichbaren Einflussnahme ausgesetzt. Neu ist freilich die delikate Haftungsverpflichtung innerhalb der anderen Kassenarten.[35] Insbesondere § 155 Abs. 5 SGB V läuft auf eine regionale „Konzernhaftung" hinaus, weil die Landesverbände in die Pflicht genommen werden. Möglicherweise ist damit dereinst ein indirekter Fusionszwang verbunden.

Die Begründung des Gesetzgebers verwies im übrigen noch im Arbeitsentwurf des GMG und dort in seinem Allgemeinen Teil zu den insoweit einschlägigen Organisationsregelungen lapidar darauf, dass zunächst *stringente* Maßgaben „bis zum Inkrafttreten der direkten Morbiditätsorientierung im Risikostrukturausgleich ausgesetzt" würden. Darüber hinaus sollten die Kassenarten übergreifenden Fusionen von Krankenkassen erst ab 2007 ermöglicht werden. Mehr nachrichtlich wurde ferner darauf hingewiesen, dass geringfügige organisationsrechtliche Privilegien einzelner Kassenarten abgeschafft werden würden.[36]

3. *Effektivitäts- und Effizienzdefizite*

Alles in allem erweist die Analyse der gegenwärtigen Organisationssituation der Krankenkassen sowie der normativen Reaktion des GMG-Gesundheitsgesetzgebers, dass die früheren Reformen des Organisationsrechts der Krankenkassen unzureichend fortgesetzt worden sind. Zwar werden einige kleine Privilegien richtigerweise abgeschafft. Aber noch immer ist die Zahl der Krankenkassen in Deutschland unglaublich hoch. Darin liegt zuvorderst ein *Effektivitätsdefizit,* das der Modernisierungsgesetzgeber einerseits dadurch verursacht, dass der Prozess der Bildung dauerhaft wettbewerbs- und leistungsfähiger Einheiten im Kassensektor und der Angleichung der Wettbewerbsebene der Krankenkassen nicht beschleunigt, sondern verzögert wird. Auf der anderen Seite ist dieses Regelungsversagen kostenträchtig. Denn aus der Vielzahl der Kassen speisen sich zu hohe, weil existenzbedingte Verwaltungskosten, für die jegliche Erhöhung der unglaublich hohen Gehälter von Kassenvorständen beispielhaft steht; der Kassenwettbewerb unterliegt ferner unnötigen bürokratischen Verwerfungen. Entgegen anderer Auffassung bilden deshalb die zu hohen Verwaltungskosten in der Krankenversicherung auch keinen Mythos, sondern sie sind das Ergebnis schmerzhaften Management- und Gesetzgebungsversagens.[37]

---

35 § 155 Abs. 4 und 5, § 164 Abs. 1, § 171 SGB V. *Felix,* Dagmar, Die Haftung für Verpflichtungen geschlossener Betriebskrankenkassen, NZS 2005, 57 ff.

36 Arbeitsentwurf (Fn. 34), S. 154 f.

37 Um mehr als 50 % sind die Verwaltungskosten seit 1989 allein im Westen Deutschlands gestiegen, wie *Blöß,* Timo, in: DÄBl. 100 (2003), B – 1707 f. berichtet; dementsprechend bindet das GMG mit Recht die zulässigen Verwaltungskosten je Mitglied bis zum Jahr 2007 an die Grundlohnentwicklung, ohne freilich die (rechtswidrige) Anhebung der Gehälter einzelner Kassenvorstände Ende 2004 unterbinden zu können.

Konsequent hält der Gesetzgeber keine Regelungen für die *Folgen* des nur „versteckt“ bejahten Konzentrationsprozesses bereit. Die voraufgehend skizzierten Regelungseffekte für den Qualitätswettbewerb und die Ärzteschaft bedürften jedoch normativer Steuerung. Oligopolartige Kassenzusammenschlüsse, auch wenn sie zunächst regional begrenzt sein sollten, verlangen nach entsprechender Regulierung und präventiver Ausrichtung der Kassenaufsicht.

Zu prüfen bleibt darüber hinaus und neben solchen Effektivitätsfragen stets die *Effizienz* der Tätigkeit einzelner Kassen, also das Problem, ob nicht mit dem gegebenen finanziellen Aufwand die einzelne Krankenkasse ihre Ausgabenentwicklung hätte zielgenauer und dadurch kostengünstiger steuern können. Auch hierfür spielt die Kassenkonzentration eine gewisse Rolle.[38]

4. Notwendigkeit einer Mehr-Ebenen-Struktur im kassenbezogenen Konzentrationsprozess

Widmet man sich dieser unter dem Aspekt der Struktureffizienz, so zeigt sich alsbald, dass der Modernisierung zukünftig ein Organisationsrecht der Krankenkassen in der Perspektive einer *Mehr-Ebenen-Struktur* des solidarischen Wettbewerbs für die Krankenversicherung zugrunde gelegt werden muss. Weder bloße Kassenvielfalt noch die Einrichtung einer „Einheitskasse“ entsprechen den Anforderungen des Grundgesetzes und namentlich den verfassungsrechtlichen Direktiven des „sozialen“ Bundesstaates an die zukünftige solidarisch und zugleich wettbewerblich strukturierte Krankenversicherung.[39] Gleiches gilt für die Gestaltung ihres Aufbaus unter den Bedingungen der kooperativen Versicherungsverfassung. Erforderlich wird vielmehr ein Konzentrationsprozess in den bestehenden Kassenarten, der auf seiner *unteren (Landes-)Ebene* einheitliche Leistungs- und Beitragsregionen für alle gesetzlichen Krankenkassen mit weitgehender Dekonzentration voraussetzt. Auf *Bundesebene* ist zudem eine Dachorganisation der jeweiligen Kassenarten („Konzernstruktur“) herzustellen. Das derzeit gegliedert-zersplitterte System der Krankenversicherung würde dadurch eine schlagkräftige bzw. konkurrenzfähige Struktur annehmen. Zugleich ermöglichte die entsprechend gestufte Neuverflechtung der gegliederten Krankenversicherung die Vorbereitung auf den solidarischen Wettbewerb mit der PKV im Rahmen einer „Bürgerversicherung“. Ähnlichkeiten mit der Reorganisation der Rentenversicherung sind keineswegs zufällig.[40]

---

38 Zutreffend *Sing,* Roland, nach einem Bericht von *Clade,* Harald, Ortskrankenkassen – Ein Vertragswettbewerb, in: DÄBl. 100 (2003), C 593.

39 Dazu näher bereits *Pitschas,* Rainer, Gesundheitsstrukturreform – Einheitsversicherung oder Trägervielfalt?, in: Bitburger Gespräche, Jahrbuch 1996, S. 15 (26 ff.).

40 Zu dieser vgl. Gesetz zur Organisationsreform in der gesetzlichen Rentenversicherung vom 09. 12. 2004 (BGBl. I, 3242); *Waibl,* Christoph, Rechtliche Vorgaben für eine regionale Neugliederung der Rentenversicherungsträger, in: VSSR 2003, 115 (121 ff., 133 ff.).

Das GMG zögert dagegen faktisch den unverzichtbaren Übergang zu dieser pluralen Mehr-Ebenen-Struktur konzentrierter gesetzlicher Krankenkassen und Ersatzkassen hinaus. Verschlossen wird zugleich in diesem Punkt die Vorbereitung auf den solidarischen Wettbewerb mit der PKV, der indes gemeinschaftsrechtlich im Zeichen „offener“ Koordination seinen Weg nehmen wird.[41] Von einer Stärkung der Organisationseffektivität kann gegenwärtig daher ebenso wenig die Rede sein wie von einem Effizienzbeitrag für die Neuordnung des Risikostrukturausgleichs (RSA). Denn die vorgesehenen strukturierten Behandlungsprogramme für chronisch kranke Menschen und auch die Hochrisikopools dürften erst zu dem Zeitpunkt ihre volle Wirksamkeit für die Versorgung und dann Bedeutung für den RSA entfalten, wenn die jeweiligen Kassen für den Erfolg ihrer entsprechenden Wirtschaftlichkeitsbemühungen die bei jedem Programm erforderliche „Unternehmensgröße“ erreichen und in einem dann Kassenarten internen RSA die Bundesebene korrigierend auf regionale Anwerbungs- und Verteilungsprozesse zugreifen könnte. Darüber hinaus ließe sich an eine Kooperation mit der PKV denken. Allerdings fehlt dafür eine gesetzliche Öffnungsklausel.

IV. Rechtliche Rahmenbedingungen des Modernisierungsprozesses

1. Verfassungsrechtliche Grundposition

In alledem liegt weder ein Plädoyer für die gesetzliche Einheitsversicherung, noch stieße das Re-Arrangement der Organisationsstrukturen in der Krankenversicherung auf verfassungsrechtliche Bedenken. Die *These* ist, dass der solidarische Gesundheitswettbewerb eines komplexeren Ordnungsmodells bedarf, als es bloße Kassenvielfalt oder – im Gegenzug – die konzentrative Einheitsversicherung darstellen. Die Rede ist von einer leistungsfähigen Krankenversicherung *zwischen* Einheit und Vielfalt.

Dazu bezieht allerdings die Rechtsprechung des Bundesverfassungsgerichts eine neutrale Position. Das Gericht hält den Gesetzgeber für befugt, sämtliche Versicherungsträger eines Zweiges der Sozialversicherung auch zu einer bundesunmittelbaren Körperschaft zusammenzufassen. Denn, so argumentiert das Bundesverfassungsgericht, das Grundgesetz schreibe dem Gesetzgeber die Organisation der Sozialversicherung, insbesondere jene der GKV nicht vor. Aus Art. 74 Nr. 12 GG und aus Art. 87 Abs. 2 GG ergäbe sich weder ein Änderungsverbot noch ein bestimmtes Gestaltungsgebot. Nach Auffassung des Gerichts lässt sich überdies aus dem Sozialstaatsgrundsatz weder ein Anspruch des Einzelnen auf ein in bestimm-

---

41 *Pitschas,* Rainer, Nationale Gesundheitsreform und europäische „Governance“ in der Gesundheitspolitik. Zur Verpflichtung der Gemeinschaftsstaaten auf solidarischen Wettbewerb durch „offene Koordination“, in: VSSR 2003, 75 (84 ff.); siehe ferner aus nationaler Sicht *Jacobs,* Klaus / *Schulze,* Sabine, Systemwettbewerb zwischen gesetzlicher und privater Krankenversicherung: Idealbild oder Schimäre?, in: GGW 1 / 2004, 7 ff.

ter Weise ausgestaltetes Sozialversicherungssystem noch ein Bestandsschutz der einzelnen Krankenkassen herleiten.[42]

Zusammengenommen ergeben diese Aussagen zur Organisation der GKV das *Prinzip der gesetzlichen Organisationsfreiheit.* Dieser Grundsatz gilt selbst insoweit, als nach Ansicht des Bundesverfassungsgerichts die Träger der Krankenversicherung ihren Anspruch auf Fortbestand auch nicht darauf stützen könnten, dass die Sozialversicherung in ihrer auf dem Selbstverwaltungsgrundsatz aufbauenden herkömmlichen Form als Versorgungssystem durch das Grundgesetz gewährleistet sei. Mit anderen Worten ist aus dieser Perspektive die gegenwärtige organisatorische Ausgestaltung des Krankenversicherungssystems verfassungsrechtlich ebenso wenig gesichert, wie sich dem Grundgesetz eine bestimmte Organisationsgestalt für sie entnehmen lässt.

2. Gebot funktionsgerechter Organisationsstruktur

Fest steht allerdings, dass die Sachaufgaben der GKV und deren Organisationsform miteinander sinnvoll verknüpft werden müssen. Nur dann wird das verfassungsrechtliche Gebot, wonach die Verwaltungsorganisation in Deckung mit den Sach- und Verfahrensanforderungen der zu erfüllenden Aufgaben stehen soll[43], hinreichend beachtet. Nur solche Organisationsmodelle, die dieses Gebot erfüllen, können deshalb verfassungsrechtlich von vorneherein akzeptiert werden. Hinzu tritt die Einwirkung des europäischen Gemeinschaftsrechts, das letztlich darauf abzielt, die Selbststeuerung der Versicherten und Patienten in der Gesundheitsvorsorge zu erhöhen.[44] Schließlich sind organisationsbedingte Beitragsunterschiede mit Art. 3 Abs. 1 GG trotz der prinzipiellen verfassungsrechtlichen Zulässigkeit des RSA nur in engen Grenzen vereinbar.

3. Insolvenzvorsorge

Organisationsreformen bzw. deren Unterlassung erweisen sich schließlich in Bezug auf Krankenkassen dann als unwirtschaftlich, wenn am Ende das Vermögen einer Krankenkasse nicht ausreichen sollte, die Gläubiger zu befriedigen. Die Zahlungsunfähigkeit ist im privaten Geschäftsverkehr ein allgemeiner Eröffnungsgrund für das *Insolvenzverfahren.*[45] Demgegenüber wird die Insolvenzfähigkeit juristischer Personen des öffentlichen Rechts durch § 12 InsO eingeschränkt. Diese sind dann nicht insolvenzfähig, wenn sie der Aufsicht des Bundes oder eines Lan-

---

42 BVerfGE 77, 340 (344); 89, 365 (377).

43 A. a. O. (Fn. 20).

44 *Kingreen,* Thorsten, Das Sozialstaatsprinzip im europäischen Verfassungsverbund, 2003, S. 354 ff., 368 ff.

45 § 17 Abs. 1 Insolvenzordnung (InsO) vom 05. 10. 1994 (BGBl. I, 2866).

des unterstehen und für sie das Recht die fehlende Insolvenzfähigkeit ausdrücklich statuiert.[46] Das ist durch das Sozialversicherungsrecht für die Krankenkassen der Fall, weil besondere Haftungsregeln und Finanzgarantien für die etwaige Zahlungsunfähigkeit geschaffen wurden.[47]

Das GMG vertieft diese staatliche Finanzvorsorge im Sektor der Krankenkassen und ergänzt sie vor allem durch die Möglichkeit sowohl für die Landesverbände der Krankenkassen als auch für den jeweiligen Bundesverband, in ihrer Satzung als Mittel zur Erfüllung der Haftungsverpflichtung die Bildung eines *Fonds* vorzusehen.[48] Diese Regelung zur Finanzierungsvorsorge ist vor allem deshalb notwendig, weil in der GKV für das Jahr 2002 ein Defizit von etwa 2,96 Mrd. € aufgelaufen ist. Mehr als 100 der überregionalen Krankenkassen mussten zudem bei Eintritt in das Jahr 2003 ihre Beiträge erhöhen und zur Fortführung der Geschäfte Kassenkredite aufnehmen. Nennenswerte Beitragssenkungen sind deshalb und entgegen dem „Druck“ der Bundesregierung, die in 2004 von den Kassen erzielten Einsparungen an die Beitragszahler weiterzugeben, für die Zukunft nicht zu erwarten. Mit Schadensfällen i. S. einer Zahlungsunfähigkeit ist deshalb durchaus zu rechnen. Für diesen Fall stellt die skizzierte Finanzierungsvorsorge ein willkommenes Instrument der Haftungsrealisierung dar. Freilich kann sie auch ambivalent wirken, indem nunmehr kleinere Kassen auf die Rückenstärkung durch den jeweils neu eingerichteten Fonds vertrauen. Dadurch aber würde der vom Gesetzgeber erhoffte Konzentrationsprozess unter den Kassen weiterhin beeinträchtigt.

V. Krankenkassenmodernisierung und funktionale Selbstverwaltung

1. Systemsteuerung durch funktionale Selbstverwaltung

Einen wesentlichen Beitrag zur wirtschaftlichen Steuerung der medizinischen Versorgung und ihrer Leistungen übernimmt seit je her die funktionale Selbstverwaltung in der GKV. Zwar hat sie seit Jahrzehnten einen erheblichen Verlust an Entscheidungskompetenzen zu beklagen, wodurch die eigenverantwortliche Wahrnehmung öffentlicher Aufgaben, mit der Übertragung inhaltlicher Gestaltungsmöglichkeiten einhergehend, vom Gesetzgeber immer stärker eingeschränkt worden ist.[49] Heute sind Entscheidungen in der Krankenversicherung zu mehr als 95 %

---

46 Die letztlich bestehende staatliche Ausfallgarantie dürfte im Übrigen Insolvenzfähigkeit ausschließen, vgl. BVerfGE 89, 143 (152 ff.).

47 A. a. O. (Fn. 35).

48 Siehe z. B. § 155 Abs. 5, § 164 Abs. 1, § 171 S. 3 SGB V; *Pitschas,* Rainer, Konzept für die Einrichtung eines Haftungsfonds der BKK-Landesverbände zur Erfüllung ihrer Haftungsverpflichtung gem. § 155 Abs. 4 SGB V sowie zur Verabredung einer Haftungskooperation mit dem BKK-Bundesverband auf der Grundlage koordinationsrechtlicher Verträge nach § 53 SGB X v. 10. 08. 2004 (Typoscript).

49 Vgl. *Axer,* Peter, Selbstverwaltung in der gesetzlichen Krankenversicherung, in: Die Verwaltung 35 (2002), 377 (381, 397); von „Verantwortungsschrumpfung“ spricht *Merten,*

gesetzlich vorherbestimmte „Punktlandungen", gleichsam das Ergebnis eines „Subsumtionsautomatismus".[50] Das GMG setzt diesen allgemeinen Trend fort, wenn und soweit es vor allem die Rolle der *Aufsicht* stärkt.[51]

2. *Effizienzdruck auf die Organisationsstruktur*

Schon diese wenigen Bemerkungen zeigen, wie sehr die Selbstverwaltung in einem unauflöslichen Zusammenhang mit der organisatorischen Verselbständigung der Krankenkassen und der damit verbunden parafiskalischen Gestaltungsmacht steht. Besonders zur Abwehr der fiskalischen Begehrlichkeiten des Staates wird dabei die *Legitimation* von Kassenentscheidungen durch funktionale Selbstverwaltung benötigt. Allerdings ist diese seit längerem einem zunehmenden *Effizienzdruck* ausgesetzt. So ist bei den Krankenkassen schon im Jahr 1992 letztendlich zu Lasten der Selbstverwaltungsfunktionen eine duale Organisationsstruktur verankert worden, die eine managementorientierte Verwaltung einführte.[52] Zu diesem Zweck handelt nunmehr verwaltungsmäßig ein hauptamtlicher Vorstand. Daneben besteht der Verwaltungsrat der Kasse als Selbstverwaltungsorgan. Diese „Professionalisierung" der Leitungsstrukturen erstreckt das GMG künftig auf die Kassen(zahn)ärztlichen Vereinigungen und die jeweilige Bundesvereinigung.[53]

Weiterhin wird zur Beschleunigung von Entscheidungen das *Schiedsamtverfahren* als Bestandteil der „Gemeinsamen Selbstverwaltung" von Kassen und Vertragsärzten verkürzt. Diese Änderung stellt allerdings keine Effektivierung der Regelungen über die Herbeiführung von Schiedslösungen gem. § 89 SGB V dar. Insbesondere verstärkt die für die Aufsichtsbehörde nunmehr vorgesehene Möglichkeit, den Vertragsinhalt selbst festzusetzen und damit in eine staatliche Ersatzvornahme einzutreten, den Abbau von Selbstverwaltungsrechten.

Das GMG zeigt damit auch in diesem Punkt sehr deutlich, dass die „Gemeinsame Selbstverwaltung" die mit dem Organisationstypus von „Selbstverwaltung" traditionell verbundene Idee verfehlt. Stattdessen nimmt der Gesetzgeber das Leistungs- und Legitimationspotential des Selbstverwaltungshandelns zu Unrecht

---

Detlef, Möglichkeiten und Grenzen der Selbstverwaltung – am Beispiel des Krankenversicherungsrechts, in: ders. (Hrsg.), Die Selbstverwaltung im Krankenversicherungsrecht, 1995, S. 11 (20 ff.); umfassend *Butzer,* Hermann, Bürgerschaftliches Engagement in der sozialen Selbstverwaltung, in: Eichenhofer (Red.), Mitmenschliches und bürgerschaftliches Engagement im Sozialrecht (SDSRV 50), 2003, S. 51 (83 ff.).

50 Begriffe bei *Schnapp,* Friedrich, Friedenswahlen in der Sozialversicherung – vordemokratisches Relikt oder scheindemokratisches Etikett?, in: FS K. Ipsen, 2000, S. 807 (825).

51 Vgl. z. B. § 78 Abs. 3, § 89 Abs. 5 SGB V; allgemein auch *Axer* (Fn. 49), 382.

52 § 33 Abs. 3a, § 35a SGB IV, § 197 SGB V, eingefügt durch Gesetz vom 21. 12. 1992 (BGBl. I, 2266).

53 § 79 SGB V.

in Anspruch. Dies gilt zumal gegenüber dem neugeschaffenen Gemeinsamen Bundesausschuss (§ 91 SGB V). Einerseits bezieht diese „Hybridform" der Gemeinsamen Selbstverwaltung auch in Zukunft nicht den am stärksten Betroffenen, nämlich den *Patienten* wirksam in die Entscheidungen ein; die sog. Patientenvertreter sind in ihrer korporatistischen Funktion Entsandte von Verbänden: Sie vertreten weder „Patienten" noch geniessen sie Vertretungsrechte.[54] Andererseits verstößt die der wirtschaftsrechtlichen Regulierung in der Daseinsvorsorge (Strom, Post u. a.) nachgebildete *Regulierungsfunktion* des Ausschusses gegen das Verfassungsgebot funktionsgerechter Organisationsstruktur der Kassen*selbstverwaltung*. Denn die Gemeinwohlsicherungsfunktion von sozialer Selbstverwaltung ist nicht erkennbar. Nach wie vor werden die Interessen der Vertragsärzteschaft mit jenen der Krankenversicherung ausgemendelt, ohne dass Verfahrenstransparenz und Haftung besteht.[55] Stattdessen herrscht in praxi für Versicherte und Patienten eine Art der Fremdverwaltung – eben der „Regulierung". Zudem können sich die Krankenkassen nur beschränkt als Treuhänder der Patienteninteressen bezeichnen.

VI. Zusammenfassung

Ich fasse zusammen. Strukturveränderungen der GKV erweisen sich nach alledem als unverzichtbar. Dabei geht es um tief einschneidende Kurskorrekturen. Zu Recht spricht deshalb der Gesetzgeber von einer „Modernisierung" statt von kontinuitätsbewusster Reform.

Zur gesundheitspolitischen Modernisierung des Versorgungssystems steht die Erschließung von Wirtschaftlichkeitsreserven durch den Ausbau einer solidarischen Wettbewerbsordnung im Vordergrund der Bemühungen. Für die GKV bedeutet dies, dass sowohl die Programm- als auch die Organisationsebene der Krankenkassen einem Modernisierungsprozess ausgesetzt werden, in dessen Zusammenhang sowohl der Aufgabenbestand als auch die derzeitige Organisationsstruktur der Krankenkassen auf den Prüfstand einer umfassenden *Wirtschaftlichkeitskontrolle* gestellt sind.

Deren Ergebnis ist wenig überraschend. Auf der *Programmebene* lassen sich im Hinblick auf die teilweise Verlagerung des Sicherstellungsauftrags auf die Kran-

---

54 Dies ergibt sich aus dem (intransparenten) Zusammenwirken zwischen § 91 Abs. 3 Nr. 2 S. 2 und § 140 f. Abs. 2 S. 4 SGB V: Das Recht, Anträge zu stellen, bleibt für die Patientenvertreter bloßes „Geschäftsordnungsrecht" und erreicht keinen förmlichen Teilhabeanspruch qua Gesetz an der Beschlussfassung.

55 So schon die prinzipielle Kritik am „Vorgänger" bei *Pitschas,* Rainer, Empirie und Recht professioneller Normsetzung: Perspektiven der Transformation medizinischer Normsetzung in rechtliche Verbindlichkeit, in: Hart (Hrsg.), Ärztliche Leitlinien, 2000, S. 239 (255 ff., 257 f.); richtig auch *Kingreen* (Fn. 44), S. 570, der anmerkt, „fraglich ist, wer im Bundesausschuss wessen Angelegenheiten wahrnimmt".

kenkassen beträchtliche Wirtschaftlichkeitsdefizite der Krankenkassenmodernisierung erkennen. Gleiches gilt für die Modernisierung des *Organisationsrechts* der Kassen. Vor dem Hintergrund einer weiterhin veränderungsbedürftigen Organisationslage im Kassensektor bleibt der Regulierungsansatz des Gesetzgebers unproduktiv. Stringente und die Kassenorganisation bindende Regulierungsmaßnahmen werden unterlassen. Dadurch treten Effizienz- und Effektivitätsdefizite auf. Sie ließen sich durch den Übergang zu einer Mehr-Ebenen-Struktur bei den künftig unvermeidlichen kassenbezogenen Konzentrationsprozessen ausgleichen.

Die (verfassungs-)rechtlichen Rahmenbedingungen für eine solche schwerpunktmäßig auf regionaler Ebene die Kassenvielfalt reduzierende Steuerung der medizinischen Versorgung unter gleichzeitiger Beachtung der Bundes- und europäischen Ebene stehen einer effektiven Krankenkassenreform nicht entgegen. Die verfassungsrechtliche Grundposition des Bundesverfassungsgerichts läuft auf *organisationspolitische Neutralität* hinaus. Das Gebot funktionsgerechter Organisationsstruktur, das dem Rechtsstaats- und Wirtschaftlichkeitsprinzip der Verfassung entsprießt und ferner auf grundrechtlichen Objektivierungen beruht, verlangt aber nach dem ausgebliebenen Konzentrationsprozess unter den gesetzlichen Krankenkassen. Kleine Unternehmen bzw. virtuelle Kassen sind jedenfalls nur beschränkt in der Lage, den durch das GMG erhöhten Funktionsanforderungen in wirtschaftlicher Weise gerecht zu werden. Der Kassenarten übergreifende Zusammenschluss von Krankenkassen zu größeren Einheiten, die auf Dauer wettbewerbs- und leistungsfähig sind, dient überdies einer vernünftigen Finanzierungsvorsorge, um die Kassenhaftung bei Zahlungsunfähigkeit zu realisieren.

Wirtschaftlichkeitsfragen sind darüber hinaus stets unauflöslich mit der funktionalen Selbstverwaltung in der Krankenversicherung verbunden. Allerdings zeigt die Systemsteuerung in der medizinischen Versorgung durch funktionale Selbstverwaltung einen anhaltenden Bedeutungsverlust. Das GMG trägt entgegen seiner Begründung hierzu durch die Stärkung der Aufsicht und einen Effizienzdruck bei, der durch die „Professionalisierung" von Kassenärztlichen Vereinigungen ausgelöst wird. Hinzu tritt der Druck, der auf das Schiedsamtverfahren ausgeübt wird. Statt die Funktion des Schiedsamtes aufzuwerten, wird dieses unter Kuratel gestellt. Das GMG zeigt damit nicht allein in diesem Punkt sehr deutlich, dass die „Gemeinsame Selbstverwaltung" die mit dem Organisationstypus der Selbstverwaltung traditionell verbundenen Vorstellungen verfehlt und der Gesetzgeber das Leistungs- und Legitimationspotential von Selbstverwaltung zu Unrecht und in Bezug auf den Gemeinsamen Bundesausschuss sogar irreführend in Anspruch nimmt. Die Themenfrage ist deshalb eindeutig zu beantworten: Die Krankenkassenreform nach dem GMG trägt *nicht* zur Stärkung von Selbstverwaltung und Wirtschaftlichkeit bei.

Gedanken zur aktuellen Lage und Zukunft der gesetzlichen Krankenversicherung aus politischer Sicht

Von Hildegard Müller

I. Schwierige Ausgangslage

Die Lage der Sozialversicherungen ist aktuell so dramatisch wie noch nie zuvor in der Geschichte dieses Landes. Die drei großen Systeme – bei der Rente, im Gesundheitswesen und bei der Pflege – stehen vor den gleichen Problemen: Die Beitragssätze steigen, die Rücklagen schmelzen dahin.

Insbesondere die gesetzliche Krankenversicherung (GKV) in Deutschland steckt in einer tiefen Krise. Die Beitragssätze sind von weniger als 13,6 % im Jahre 1998 auf jetzt 14,4 % gestiegen und haben damit den höchsten Stand seit Bestehen der Bundesrepublik Deutschland erreicht. Trotz dieser höheren Beiträge hat die Verschuldung der Kassen aber gleichzeitig weiter zugenommen. Der Druck wird weiter anhalten. Denn die Nachfrage nach Gesundheitsleistungen steigt permanent. Hinzukommt der medizinische Fortschritt mit neuen Möglichkeiten in Diagnostik und Therapie, die mit steigenden Erwartungen und Ansprüchen einhergehen. Ursächlich für den steigenden Druck ist aber auch der demographische Wandel, der einen wachsenden Bedarf an medizinischen und pflegerischen Leistungen bei älteren Menschen verursacht.

Neben dem medizinisch-technologischen Fortschritt wird die zunehmende Alterung der Gesellschaft Steigerungen auf der Ausgabenseite erzeugen. Die Auswirkungen der demographischen Belastung werden vor allem ab dem Jahr 2010 deutlich erkennbar: Ohne eine grundlegende Reform der GKV würden die Beiträge von aktuell durchschnittlich 14,4 % auf mehr als 20 % im Jahr 2030 und auf über 25 % im Jahr 2050 ansteigen. Auf der Finanzierungsseite bereiten zukünftig, aber teilweise schon jetzt die Veränderungen der Versichertenstruktur Probleme: Der Anteil der Rentenempfänger steigt dauerhaft. Überdies führen die stark verkürzten, unstetiger gewordenen Beschäftigungsbiographien sowie die hohe Arbeitslosigkeit zu neuen Herausforderungen. Darüber hinaus wird Einkommen im steigenden Maße auch durch nicht abhängige Beschäftigung generiert.

Schon seit Beginn der Achtzigerjahre gibt es deshalb eine Wachstumsschwäche in der GKV-Finanzierungsbasis. Die Arbeitsentgelte der Mitglieder der GKV wachsen gemessen am Bruttoinlandsprodukt je Erwerbstätigen nur unterdurchschnittlich. Neben der unterproportionalen Steigerung der Arbeitsentgelte sind aber auch eine steigende Arbeitslosenzahl, vorgezogene Verrentungen, veränderte Erwerbsbiographien, der Druck auf die Arbeitsentgelte infolge der Globalisierung, die Zunahme von nicht versicherungspflichtigen Teilen des Arbeitsentgeltes, Ausflüchte in die Schattenwirtschaft sowie eine längere Rentenbezugsdauer für die Wachstumsschwäche bei den Einnahmen verantwortlich.

II. Steigender Handlungsdruck

Trotz noch einiger vorhandener Rationalisierungsreserven wird die Politik angesichts der skizzierten Entwicklung der beitragspflichtigen Einnahmen nicht um eine grundlegende Reform der GKV umhin kommen. Die Erschließung von Wirtschaftlichkeitsreserven und das Bemühen um Verbesserung von Effizienz sind dabei eine laufende und ständige Aufgabe. Sie entbinden die Politik aber nicht von der Pflicht zur grundlegenden Stabilisierung der Finanzgrundlagen. Vereinzelte Eingriffe in das System, wie sie schon in der Vergangenheit üblich waren, reichen heute nicht mehr aus. Insbesondere kann das Gesundheitswesen nicht einfach durch eine weitere Steigerung der paritätisch finanzierten Beitragssätze gesichert werden.

Es liegt auf der Hand, dass ein solcher Anstieg der Krankenversicherungsbeiträge zu dramatischen Konsequenzen auf dem Arbeitsmarkt führen würde. Die Ausgaben der GKV werden heute im Wesentlichen aus lohnbezogenen Beiträgen finanziert. Steigende Beiträge führen daher zwangsläufig zu höheren Arbeitskosten und steigender Arbeitslosigkeit; diese wiederum schwächt die Einnahmeseite und erhöht so den Druck auf die Beiträge. Dieser Teufelskreis muss durchbrochen werden.

Denn ohne eine grundlegende Reform der Finanzierung unserer sozialen Sicherungssysteme wäre für die nächsten Jahrzehnte eine anhaltend hohe Massenarbeitslosigkeit vorprogrammiert. Die Ursache für die katastrophale Finanzlage des gesamten Sozialversicherungssystems liegt weniger auf der Ausgabenseite, denn auf der Einnahmeseite.

Dass dies so ist, zeigen auch die Entwicklungen aus den Jahren 2002 / 2003. Das Beitragssatzsicherungsgesetz sollte dazu beitragen, dass die GKV in diesem Jahr konsolidiert wird. In der Tat sind die Ausgaben im ersten Halbjahr 2003 nur um ein Prozent gestiegen. Die angespannte Finanzlage ist indes erhalten geblieben. Das Problem liegt eben darin, dass die Einnahmen aktuell wegen der dramatisch schlechten Arbeitsmarkt-Entwicklung rückläufig sind.

Ein Gesundheitssystem kann noch so leistungsfähig sein. Bei einer so dramatischen Einnahmeentwicklung kann es ohne grundlegende Reformen nicht aufrechterhalten werden. Dies ist der Grund, weswegen die Union bereit ist, in dieser aktuell sehr dramatischen Situation die Hand zur Konsolidierung der Lage zu reichen. Dabei geht es darum, die verhängnisvolle Spirale aus steigenden Sozialabgaben, wegbrechenden Arbeitsplätzen und erneut steigenden Lohnnebenkosten zumindest zu unterbrechen.

Langfristig ist eine Stabilisierung der Finanzgrundlagen der GKV aber vom Wachstum unserer Volkswirtschaft abhängig. Daher müssen wir alle unsere Bemühungen auf die Schaffung von Rahmenbedingungen konzentrieren, die ein dauerhaftes Wirtschaftswachstum ermöglichen.

In verschiedenen wissenschaftlichen Studien des Instituts für Wirtschaftspolitik und Wirtschaftsforschung der Universität Karlsruhe, des Instituts für Arbeitsmarkt- und Berufsforschung und des Weltwährungsfonds wurde nachgewiesen, wie sich ein möglicher Zusammenhang zwischen Höhe der Sozialversicherungsbeitragssätze und der Beschäftigung quantifizieren lässt. Die Ergebnisse variieren dabei zwischen 150.000 und gut 300.000 Beschäftigten je Sozialversicherungsbeitragspunkt. Der Effekt wird entsprechend kleiner, je stärker der Veränderung der Sozialversicherungsbeiträge eine Gegenfinanzierung und keine reale Kostenänderung gegenübersteht. Bei einem „mittleren Effekt" von etwa 200.000 Arbeitsplätzen weniger je zusätzlichem Sozialversicherungsbeitragspunkt würde sich – ohne grundlegende strukturelle Veränderungen in den sozialen Sicherungssystemen und einem daraus folgenden Gesamtbeitragssatz von über 60 % im Jahr 2050 – der Wegfall weiterer vier Millionen Arbeitsplätze ergeben.

Hieraus folgt zwingend die Notwendigkeit, dem demographisch bedingten und damit einstweilen unabänderlichen Lastenanstieg tatsächliche Veränderungen entgegenzusetzen, um den doppelten Kollaps von Arbeitsmarkt und Sozialversicherung zu verhindern.

III. Verändertes Finanzierungssystem

Es muss also gelingen, die Gesundheitskosten von den Arbeitskosten zu trennen, um einen entscheidenden Schritt für mehr Wachstum und Beschäftigung zu gehen und die Verteilungsfrage zielgenau zu lösen.

Deshalb ist endlich eine Reform des bestehenden Finanzierungssystems notwendig. Gerade wenn den Versicherten in Zukunft auch mehr Wahlfreiheit eingeräumt werden soll, ist eine Hinwendung zu versicherungsadäquateren Beiträgen unabdingbar.

Die lohnbezogene, paritätische Beitragsbemessung ist nicht mehr zeitgemäß. Außerdem stellt selbst bei vielen Pflichtversicherten in der GKV der Lohn inzwischen nicht mehr die einzige Einkommensquelle dar. Auch die hälftige Finanzierung des Krankenversicherungsbeitrags durch den Arbeitgeber ist im Kern ein historisches Relikt. Der Arbeitgeberbeitrag ist heute faktisch Lohnbestandteil.

Den Versicherten fehlt im GKV-System jeder Bezug zwischen ihrem individuellen Beitrag und der Ausgestaltung des Versicherungsschutzes. Wenn den Versicherten in Zukunft mehr Wahlfreiheit eingeräumt werden soll, ist eine grundlegende Reform des Finanzierungssystems unausweichlich.

Der GKV-Beitrag muss also vom Beschäftigungsverhältnis entkoppelt werden und den Charakter eines Versicherungsbeitrags bekommen. Verschiedene Modelle für entsprechende Prämienmodelle liegen bereits vor und belegen, dass eine solche Systemumstellung machbar ist.

Reformziel ist die Überführung des heutigen umlagefinanzierten Systems der GKV in ein kapitalgedecktes, einkommensunabhängiges und erheblich demographiefesteres Prämiensystem.

Ein solches System könnte eine lebenslang gleichbleibende monatliche Prämie zur Krankenversicherung beinhalten. Diese würde sich nicht mehr wie bisher nach dem Einkommen des Versicherten errechnen, sondern nach den erwarteten Ausgaben für Gesundheitsleistungen, die für einen Versicherten bis zum Lebensende durchschnittlich anfallen werden. In dieser Kostenprognose müsste auch der zukünftige medizintechnische Fortschritt berücksichtigt werden.

Der Vorteil dieses Systemwechsels wäre, dass für Versicherte in „jungen Jahren" relativ geringe Ausgaben anfallen würden, so dass aus den Beiträgen ein individueller Kapitalstock gebildet werden könnte. Es würde also eine individuelle Rückstellung angesparten Kapitals für das Alter erfolgen. Steigen die Ausgaben später im Alter stark an, können sie aus dem aufgebauten Kapitalstock beglichen werden.

Um die bereits heute in der GKV versicherten Beitragszahler nicht stärker zu belasten als künftige (junge) Neu-Versicherte, sollte die individuelle Prämie eine Höchstgrenze erhalten. Diese Deckelung müsste allerdings durch einen kollektiven Kapitalstock finanziert werden. „Alt-Versicherten" würde aus diesem Grund eine versicherungsmathematisch errechnete individuelle altersspezifische Altersrückstellung „mitgegeben".

Da ein solches Prämienmodell etwa für Geringverdiener eine starke finanzielle Belastung bedeuten kann, muss es auch einen Solidarausgleich enthalten. Dieser sollte jedoch nicht allein von den Versicherten kommen, sondern aus Steuermitteln. So würden alle Steuerzahler entsprechend ihrer Leistungsfähigkeit einen Beitrag leisten. Schließlich wird der Ausgleich zwischen Stärkeren und Schwächeren in der Krankenversicherung bislang noch allein von den Beitragszahlern geschultert. Dies ist übrigens ein wesentlich gerechterer Sozialausgleich als einer, der ausschließlich an die abhängige Beschäftigung gekoppelt ist.

Zusammenfassend ist zu sagen, dass ein solches Prämienmodell die durch die demographische Entwicklung entstehenden Lasten nachhaltig abfedern würde. Dies wird das bisherige Umlageverfahren nicht leisten können – selbst dann nicht, wenn man es in eine wie auch immer geartete „Bürgerversicherung" umbauen würde. Es ist dringend notwendig, die heutige GKV in ein kapitalgedecktes, einkommensunabhängiges und erheblich demographiefesteres System zu überführen.

IV. Begleitende Maßnahmen

Darüber hinaus soll den Mitgliedern der GKV mehr Entscheidungsfreiheit über das Ausmaß des Krankenversicherungsschutzes (z. B. hinsichtlich zusätzlicher Leistungen jenseits eines Standard-Versicherungsschutzes oder hinsichtlich der Höhe der Selbstbeteiligung) gewährt werden. Den Patienten und Versicherten werden echte Wahl- und Gestaltungsmöglichkeiten bislang vorenthalten. Es gilt die Selbstbestimmung und Eigenverantwortung des Versicherten zu stärken. Jedem Bürger muss die Möglichkeit eingeräumt werden, eine Auswahl zwischen Leistungen und Formen der Krankenversicherung zu treffen.

Dies bedeutet zugleich ein höheres Maß an Mitverantwortung des Einzelnen. Er muss sich über vorhandene Versicherungs- und Leistungsangebote informieren und einen aktiveren Part im Gesundheitssystem übernehmen – als Versicherter wie als Patient. Dafür müssen ihm aber die notwendigen Informationen zur Verfügung stehen.

Diesem Ziel würde auch die Einführung des Kostenerstattungsprinzips dienen, wie es in den privaten Krankenversicherungen bereits üblich ist. Dabei begleichen Patienten die Kosten für ihre Gesundheitsleistungen und erhalten eine Rückerstattung von der Krankenkasse. Dies stärkt nicht nur das Kostenbewusstsein der Patienten, sondern ermöglicht auch die Prüfung von Arztrechnungen.

Einhergehend damit muss das Eigeninteresse der unmittelbar Beteiligten an Effizienz und Qualität der gesundheitlichen Versorgung gestärkt werden. Auch hier müssen Handlungs- und Gestaltungsmöglichkeiten wachsen.

V. Schließende Bemerkung

Trotz oder gerade angesichts des zunehmenden Handlungsdrucks in Finanzfragen der GKV darf nicht vergessen werden, dass der medizinische Fortschritt für die gesamte Bevölkerung zugänglich bleiben muss. Der soziale Ausgleich zwischen jungen und alten, gesunden und kranken Menschen, zwischen Beziehern höherer und niedrigerer Einkommen sowie zwischen Alleinstehenden und Familien muss in aktuell angepasster Form auch in einem reformierten System aufrechterhalten werden. Zentrales Ziel einer grundlegenden Reform der GKV bleibt nämlich eine qualitativ hochwertige und humane Versorgung in Medizin und Pflege, die allen Menschen ohne Ansehen des Alters oder der finanziellen Leistungsfähigkeit zugute kommt. Notwendige medizinische Leistungen und Spitzenmedizin müssen auch zukünftig für alle zugänglich bleiben. Die Verwirklichung dieses Ziels wird aber eben nur im Falle wirklicher struktureller Veränderungen möglich sein.

Abgrenzung der Zuständigkeiten zwischen gesetzlicher und privater Krankenversicherung unter besonderer Berücksichtigung des europäischen Gemeinschaftsrechts

Von Bernd Baron von Maydell

I. Einführung: Zum Verständnis des Themas

Bei dem Thema geht es vordergründig um das Verhältnis verschiedener Organisationen zueinander: der gesetzlichen Krankenversicherung (GKV) und der privaten Krankenversicherung (PKV). Angesprochen sind damit aber nicht nur technische Kompetenzregeln, sondern auch verfassungsrechtliche und gesellschaftspolitische Wertungen. Zu klären ist insbesondere die Verteilung der Verantwortung zwischen dem Einzelnen und der Gesellschaft bzw. dem Staat.

Diese Grundfrage in dem System sozialer Sicherheit stellt sich heute wieder neu. Ausgelöst wird dies vor allem durch die Finanzlage der GKV, die es offensichtlich macht, dass der umfassende öffentlich-rechtliche Schutz gegen das Risiko der Krankheit für fast die gesamte Bevölkerung finanziell nicht mehr darstellbar ist. Während zu Zeiten der Einführung der GKV durch Bismarck Ende des 19. Jahrhunderts ein sehr bescheidener Schutz für ca. 9 % der Bevölkerung gewährleistet wurde, erfasst heute die GKV ca. 90 % der Menschen, gleichzeitig sind Spektrum und Umfang der Leistungen gewaltig angewachsen. Diese Entwicklung macht eine neue Abgrenzung der Verantwortlichkeit zwischen dem Einzelnen und dem Staat dringend erforderlich. Damit wird aber auch das Verhältnis zwischen Privatversicherung und Sozialversicherung angesprochen.

Ansätze für diese Diskussion finden sich etwa in der Alterssicherung in Form der „Riester-Rente", aber auch in der GKV, in der mit der Ausgliederung von Leistungen aus dem Leistungskatalog der gesetzlichen Krankenkassen begonnen worden ist und darüber hinaus die Notwendigkeit einer weitergehenden Rationierung kaum noch ernstlich bestritten wird.

Abgesehen von dieser systemimmanenten Entwicklung des Gesundheitssystems macht, neben verschiedenen anderen Aspekten, auch die Integration des Gesundheitssystems in den gemeinsamen Markt eine Neuorientierung notwendig. Stichworte sind die Herausbildung eines europäischen Gesundheitsmarktes und die Wiederbelebung der Diskussion über die Daseinsvorsorge. Die Beschränkung der

Daseinsvorsorge auf die öffentlich-rechtlichen Umsetzungsformen, wie sie Forsthoff vertreten hatte, während Weidner eine Vielzahl von Formen der Daseinsvorsorge, u. a. auch private, für möglich hielt, wird im Rahmen der europäischen Debatte aufgegeben. Eine neue Abgrenzung zwischen privater und öffentlicher Vorsorge ist aber noch nicht entwickelt worden. Auch dies zeigt die Aktualität des Themas.

II. Abgrenzungsfelder zwischen privater und gesetzlicher Krankenversicherung

Die Abgrenzung ist in mehrfacher Hinsicht ein vielfältiger Prozess. Das gilt sowohl hinsichtlich der Instrumente als auch der Felder für das Tätigwerden der PKV und GKV.

1. Instrumente

Die Kompetenzen der verschiedenen Formen der Krankenversicherung und damit die gegenseitige Abgrenzung und der Handlungsrahmen können durch europäisches Recht, durch Verfassungsrecht oder durch einfaches nationales Gesetzesrecht geregelt werden. Soweit rechtlich zwingende Bestimmungen fehlen, gelten die Marktregeln, d. h. es gilt Wettbewerb im Rahmen der bestehenden Regeln über einen fairen Wettbewerb.

2. Felder

a) Personen

Das Verhältnis zwischen GKV und PKV wird entscheidend von der gesetzgeberischen Entscheidung geprägt, welcher Personenkreis in den gesetzlichen Schutz der staatlichen Sozialversicherung einbezogen wird und wie weit dieser Schutz inhaltlich reicht. In staatlichen Gesundheitssystemen, wie in Großbritannien, wird die gesamte Bevölkerung erfasst; dasselbe gilt für eine Staatsbürgerversicherung, wie sie gegenwärtig in Deutschland diskutiert wird. Im gegenwärtig geltenden deutschen System stehen einzelne Personengruppen, wie die Selbständigen, die Beamten oder die Personen oberhalb der Versicherungspflichtgrenze noch außerhalb der Pflichtversicherung. Die ständige Ausdehnung des Versichertenkreises ist mit dem ursprünglichen Schutzgedanken nicht zu rechtfertigen, vielmehr wird zur Begründung auf die Notwendigkeit einer Verbreiterung der Finanzierungsgrundlage der GKV verwiesen. Eine Ausweitung des erfassten Personenkreises, über die Pflichtversicherung hinaus, erfolgt durch das Institut der freiwilligen Versicherung.

b) Umfang des Versicherungsschutzes

Die GKV hat sich zur umfassenden Vollversicherung entwickelt. Der PKV verbleibt damit für eine Vollversicherung nur der Personenkreis, der nicht dem Versicherungszwang unterliegt. Darüber hinaus bietet die Privatversicherung Zusatzversicherungen an, die Leistungen umfassen, die von der GKV nicht gewährt werden. Nachdem die GKV zur Kostendämpfung Leistungen ausgrenzt, nimmt dieser Bereich der Zusatzversicherung an Bedeutung zu. Dabei taucht die Frage auf, ob auch die gesetzlichen Kassen in Zukunft Zusatzversicherungen anbieten oder vermitteln dürfen. Darauf wird nachfolgend noch einzugehen sein.

c) Art der Versicherungsleistung

Ein herkömmliches Unterscheidungsmerkmal zwischen Privat- und Sozialversicherung ist die Art, in der die Versicherungsleistungen zugesagt und erbracht werden. Für die Sozialversicherung ist das Sachleistungsprinzip typisch, während die private Versicherung ihren Mitgliedern (volle oder teilweise) Kostenerstattung gewährt. Auch insoweit sind allerdings Veränderungen festzustellen. In der GKV tritt neben die Sachleistung in zunehmendem Maße die Kostenerstattung. Diese Leistungsart hat durch die Ausdehnung der europäischen Grundfreiheiten auf die Leistungen der GKV eine zusätzliche Bedeutung erfahren.

III. Ausgewählte Probleme

Nachfolgend sollen zwei Punkte herausgegriffen werden, an denen der Einfluss des europäischen Rechts auf das Nebeneinander von PKV und GKV exemplarisch diskutiert werden wird. Damit wird allerdings, dies muss einschränkend gesagt werden, nur ein Teilausschnitt aus der Gesamtproblematik angesprochen.

1. Heraufsetzung der Versicherungspflichtgrenze

Der Gesetzgeber hat die Grenze, bis zu der Arbeitnehmer der Versicherungspflicht in der GKV unterliegen, heraufgesetzt und damit den Personenkreis verkleinert, der sich privat gegen das Risiko der Krankenversicherung absichern kann. Dies betrifft die individuelle Gestaltungsfreiheit der betroffenen Versicherten, gleichzeitig aber auch die Entfaltungsmöglichkeiten der PKV.

a) Verfassungsrechtliche Schranken

Welche verfassungsrechtlichen Schranken bei einer Veränderung der Versicherungspflichtgrenze zu beachten sind, ist äußerst umstritten. In der Literatur dazu ist das funktionale Nebeneinander beider Versicherungsformen herausgestellt worden, das zu einer Wettbewerbsgleichheit (Scholz) führt. Leisner spricht insoweit von einem bipolaren System. Diese Qualifizierungen führen letztlich dazu, dass ein faktisches Staatsmonopol für die GKV verfassungsrechtlich problematisch wäre, auch wenn das Bundesverfassungsgericht bislang die Erhöhung der Versicherungspflichtgrenze nicht beanstandet hat. Im Einzelnen kann darauf hier nicht weiter eingegangen werden, da das Schwergewicht der Untersuchung bei der supranationalen Wertung liegen soll.

b) Europäisches Wettbewerbsrecht

Als weitere Schranke für eine Erhöhung oder sogar Aufhebung der Versicherungspflichtgrenze kommt das europäische Wettbewerbsrecht in Betracht. Fraglich könnte zunächst sein, ob und inwieweit europäisches Kartell- und Wettbewerbsrecht überhaupt auf das wettbewerblich relevante Verhalten von Staaten oder staatlichen Institutionen anwendbar ist; denn die Wettbewerbsregeln des europäischen Gemeinschaftsvertrages sind in erster Linie auf privates Handeln ausgerichtet. Da Mitgliedstaaten durch protektionistisches Verhalten zugunsten staatlicher Unternehmen die europäische Wettbewerbsordnung unterlaufen können, enthält Art. 86 EGV eine ausdrückliche Regelung in Bezug auf öffentliche Unternehmen. Wettbewerbsbeschränkungen können nur unter den Voraussetzungen des Art. 86 Abs. 2 EGV gerechtfertigt werden. Der Europäische Gerichtshof hat demgemäß auch die Mitgliedstaaten als kartellrechtliche und wettbewerbsrechtliche Adressaten des europäischen Rechts angesehen, die sich nicht durch Verwendung des öffentlichen Rechts dieser Verpflichtung entziehen können.

Fraglich ist weiter, ob gesetzlichen Krankenkassen als Unternehmen im Sinne der Art. 81 ff. EGV anzusehen sind. Auch dazu gibt es eine Rechtsprechung des Europäischen Gerichtshofs. Jüngst hat das Gericht bei der Überprüfung der Festsetzung von Festbeträgen für Arzneimittel durch Krankenkassen in einem Urteil vom 16.03.2004 (Rs. C-264/01, C-306/01, C-354/01 und C-355/01) die Unternehmenseigenschaft von Krankenkassen verneint, weil die Kassen bei der Festsetzung von Festbeträgen einen rein sozialen Zweck verfolgen. Diese Entscheidung betrifft das Verhältnis der Krankenkassen zu den Leistungserbringern. Die Krankenkassen werden insoweit als Nachfrager auf dem Markt von Gesundheitsleistungen tätig. Aus der Verneinung der Unternehmenseigenschaft in diesem Verhältnis kann nicht gefolgert werden, dass die Krankenkassen sich im Verhältnis zu den privaten Versicherungsunternehmen nicht als Unternehmen betätigen können. Leistungserbringerrecht und Versicherungsbereich sind voneinander zu trennen.

Im Versicherungsbereich treten die gesetzlichen Krankenkassen als Anbieter auf, sie werden auf dem Markt für Versicherungen tätig. Hier besteht ein unmittelbarer Wettbewerb zwischen sozialer und privater Krankenversicherung. Daher sind die gesetzlichen Krankenkassen insoweit als Unternehmen im Sinne des europäischen Rechts anzusehen.

Ob auf Sozialversicherungsträger die Vorschriften des europäischen Kartell- und Wettbewerbsrechts anzuwenden sind, ist vom Europäischen Gerichtshof in einer Reihe von Entscheidungen unterschiedlich beantwortet worden. Entscheidend wird in dieser Rechtsprechung auf das Dominieren des sozialen Zwecks und auf den Gesichtspunkt der Solidarität abgestellt. Danach lässt sich ein Sozialversicherungsmonopol aus Gründen des Allgemeininteresses rechtfertigen.

In Deutschland besteht jedoch ein Nebeneinander von privater und sozialer Krankenversicherung. Insoweit ist ein Versicherungsmarkt eröffnet, auf dem sowohl Privatversicherung als auch Sozialversicherung vertreten sind. Auf diesem Markt sind die europäischen Rahmenbedingungen zu beachten, denn die Verschlechterung der Zugangs- und Tätigkeitsbedingungen stellt auch ein Erschweren für die Versicherungsgesellschaften aus anderen Mitgliedstaaten dar, die sich im jeweiligen Mitgliedstaat betätigen. Dies kann unter dem Aspekt des Art. 49 EGV eine Verletzung der Dienstleistungsfreiheit darstellen. Wird das Tätigkeitsfeld der PKV zugunsten der GKV verändert, so ist dies eine Ausdehnung des Monopols der GKV, die nach Art. 86 Abs. 2 EGV gerechtfertigt werden müsste. Ob eine solche Rechtfertigung möglich ist, erscheint bei der Ausdehnung der Versicherungspflichtgrenze durchaus zweifelhaft.

2. Angebot von Zusatzleistungen durch gesetzliche Krankenversicherungen

Seit längerem wird diskutiert, Leistungen der GKV auszugliedern und zu „privatisieren". Damit soll ein weiterer Anstieg der Beiträge verhindert und die Belastung der Arbeitgeber gemindert werden. Wird der Leistungskatalog der GKV eingeschränkt, so stellt sich die Frage, wie die ausgegliederten Leistungen behandelt werden sollen. Dem Gedanken der Privatisierung würde es entsprechen, dass insoweit die PKV aufgerufen ist, entsprechende Tarife für Zusatzleistungen zu entwickeln. Aber auch die GKV möchte allein oder in Zusammenarbeit mit privaten Versicherungsunternehmen in diesem Bereich tätig werden und Zuwahlleistungen anbieten. Es ist umstritten, ob solche Aktivitäten der GKV zulässig sind.

Bedenken bestehen aus wirtschaftsverfassungsrechtlicher Sicht, aber auch unter europarechtlichen Aspekten, auf die hier näher eingegangen werden soll.

Die Ausgestaltung der System der sozialen Sicherheit und damit auch der nationalen Krankenversicherungssysteme fällt grundsätzlich in die Zuständigkeit der

Mitgliedstaaten. Das bedeutet allerdings nicht, dass das Europarecht keine Auswirkungen auf die nationalen Sozialrechtssysteme haben könnte. Neben jenen Bestimmungen, die zur Gewährleistung der Arbeitnehmerfreizügigkeit die nationalen Sozialrechtssysteme koordinieren, wirken vor allem auch das Wettbewerbsrecht und die Grundfreiheiten des europäischen Gemeinschaftsvertrages auf das nationale Sozialrecht ein. So hat der Europäische Gerichtshof mittlerweile schon in einer Reihe von Entscheidungen das Anbieten sowohl von verpflichtenden als auch von freiwilligen Versicherungen durch Sozialversicherungsträger einer wettbewerbsrechtlichen Überprüfung unterzogen. Die neu auftauchende Frage des Angebots von Zusatzversicherungen ist daher auch europarechtlich relevant.

Vor diesem Hintergrund sind auch die europarechtlichen Bedenken hinsichtlich der Zulässigkeit einer Übertragung der Aufgabe des Anbietens der neuen Zusatz-Krankenversicherung auf die gesetzlichen Krankenkassen zu sehen. Die europarechtliche Beurteilung einer solchen Ausweitung der Tätigkeit der GKV hat daher nach Maßstab des europäischen Wettbewerbsrechts zu erfolgen.

Das europäische Wettbewerbsrecht richtet sich, wie schon dargelegt worden ist, an Unternehmen. Aus der vom Europäischen Gerichtshof entwickelten Definition des Unternehmensbegriffs lässt sich ableiten, dass es für die Qualifikation als Unternehmen im Sinne des europäischen Wettbewerbsrechts entscheidend auf die Ausübung einer wirtschaftlichen Tätigkeit ankommt. Ein Sozialversicherungsträger handelt nach Auffassung des Europäischen Gerichtshofs dann wirtschaftlich, wenn er diese Tätigkeit im Wettbewerb mit privaten Versicherungsunternehmen ausübt bzw. ausüben könnte. Ausgehend von dieser Judikatur wird auch die neue Zusatz-Krankenversicherung, die Leistungen abdecken soll, die aus der GKV ausgegliedert werden, als wirtschaftliche Tätigkeit zu qualifizieren sein. Der Umstand, dass bisher von der GKV erbrachte Leistungen ausgegliedert werden, spricht dafür, dass es sich dabei um Leistungen handelt, bei denen ein soziales Schutzbedürfnis nicht in dem Maße gegeben ist, dass der Verbleib dieser Leistungen in der GKV geboten wäre. Es handelt sich vielmehr um Leistungen, die nicht länger von der Solidargemeinschaft der Sozialversicherten getragen werden sollen und daher dem Einzelnen überantwortet werden, der dafür selbst Vorsorge treffen soll. Es kann davon ausgegangen werden, dass sich dieser Umstand in der konkreten Ausgestaltung der Aufgaben und Funktionsweisen der neuen Zusatz-Krankenversicherung in der Weise widerspiegeln wird, dass das Anbieten dieser Versicherung als wirtschaftliche Tätigkeit anzusehen sein wird.

Auch die Bindung des Angebots der neuen Zusatz-Krankenversicherung an bestimmte Elemente der Solidarität und des sozialen Schutzes steht der Qualifikation als wirtschaftliche Tätigkeit nicht grundsätzlich entgegen. Dies geht deutlich aus der Rechtsprechung des Europäischen Gerichtshofs zur Unternehmenseigenschaft der Zusatz-Rentensysteme hervor. Der Gerichtshof betont in diesen Entscheidungen ausdrücklich, dass an der Qualifikation als wirtschaftliche Tätigkeit auch die Verfolgung eines sozialen Zwecks, einzelne Solidaritätsgesichtspunkte und die Beschränkungen oder Kontrollen in Bezug auf Investitionen des Sozialversicherungsträgers nichts ändern.

Die Qualifikation des Anbietens der neuen Zusatz-Krankenversicherung als wirtschaftliche Tätigkeit scheitert auch nicht daran, dass die gesetzlichen Krankenkassen bei dieser Tätigkeit unmittelbar als öffentlich-rechtlichen Körperschaften tätig werden. Nach der Judikatur des Europäischen Gerichtshofs kommt es weder auf die Person des Trägers noch auf die Eigentumsverhältnisse und die Rechtsform des Unternehmens oder seine Zuordnung zum öffentlichen Recht oder zum Privatrecht an. Aus dieser Judikatur geht eindeutig hervor, dass die rechtliche Ausgestaltung der Handlungsform keinen Einfluss auf die Unternehmenseigenschaft hat. So hat der Europäische Gerichtshof etwa die Vermittlungstätigkeit der Bundesanstalt für Arbeit und die der British Telekom gesetzlich eingeräumte Befugnis zur Erlassung von Schemes als wirtschaftliche Tätigkeiten qualifiziert, obwohl beide öffentlich-rechtliche Körperschaften gewesen sind, die auf der Grundlage des öffentlichen Rechts gehandelt haben.

Wenn das Anbieten der neuen Zusatz-Krankenversicherung den gesetzlichen Krankenkassen vorbehalten wird, so verfügen sie auf dem Markt für dieses Versicherungsprodukt über ein Angebotsmonopol. Dadurch wird den gesetzlichen Kassen eine gemeinsame marktbeherrschende Stellung auf einem wesentlichen Teil des gemeinsamen Marktes eingeräumt. Entsprechend der Judikatur des Europäischen Gerichtshofs ist auch von einem Missbrauch dieser marktbeherrschenden Stellung auszugehen. Dies gilt deshalb, weil die beherrschende Stellung der gesetzlichen Kassen vom Markt für die GKV auf den benachbarten, aber getrennten Markt für die neue, aus der GKV ausgegliederten Zusatz-Krankenversicherung erstreckt wird. Dabei handelt es sich um eine Erstreckung des Sozialversicherungsmonopols auf eine Versicherungstätigkeit, die von den privaten Krankenversicherungsunternehmen im Rahmen ihrer Tätigkeit auf dem Markt für die PKV ausgeübt werden könnte. Nimmt der Gesetzgeber eine solche Erweiterung der beherrschenden Stellung der gesetzlichen Kassen vor, so hat dies eine Einschränkung des Absatzes zum Schaden der Verbraucher im Sinne des Art. 82 S. 2 Buchst. b EGV zur Folge, weil den gesetzlichen Kassen eine Hilfstätigkeit vorbehalten wird, die von den privaten Krankenversicherungsunternehmen ausgeübt werden könnte. Eine solche Maßnahme bewirkt zudem einen Ausschluss der privaten Krankenversicherungsunternehmen vom Markt für die Leistung der neuen Zusatz-Krankenversicherung, ohne dass dies die Folge eines wirtschaftlichen Wettbewerbs wäre, der darauf angelegt ist, den Wettbewerber durch die Güte und Preiswürdigkeit der eigenen Leistung zu überflügeln und ihm Kunden abzujagen. Der Ausschluss vom Markt für die Leistung der Zusatz-Krankenversicherung ist vielmehr die Folge der Ausschaltung der privaten Anbieter vom Leistungsvergleich.

Da die Erweiterung der beherrschenden Stellung der gesetzlichen Krankenversicherungen auf eine staatliche Maßnahme zurückgeht, liegt ein Verstoß gegen

Art. 86 Abs. 1 i.V.m. Art. 82 EGV vor. Für diesen Verstoß lässt sich auch keine Ausnahme nach Art. 86 Abs. 2 EGV begründen.

Die Einräumung eines Zusatz-Krankenversicherungsmonopols wäre demzufolge europarechtswidrig. Offen ist dann noch die Frage, ob das europäische Wettbewerbsrecht auch einem nicht monopolistischen Tätigwerden der gesetzlichen Krankenkassen auf dem Markt für die neue Zusatz-Krankenversicherung entgegensteht.

Eine europarechtswidrige Ausdehnung des Sozialversicherungsmonopols liegt nicht immer nur dann vor, wenn eine Versicherungstätigkeit, die von den privaten Krankenversicherungsunternehmen im Rahmen ihrer Tätigkeit auf dem Markt für die PKV ausgeübt werden könnte, den gesetzlichen Kassen vorbehalten wird.

Die gesetzlichen Kassen verfügen aufgrund ihres Sozialversicherungsmonopols über Mechanismen, die es ihnen ermöglichen, ihre Versicherten auch im Bereich neuer Zusatz-Krankenversicherungen an sich zu binden, ohne sich in einem Leistungswettbewerb durchsetzen zu müssen. Damit verschaffen sie sich auf dem Markt für neue Zusatz-Krankenversicherung einen deutlichen Wettbewerbsvorteil gegenüber den privaten Unternehmen.

Hinzu kommt, dass die Verbände der gesetzlichen Krankenkassen mit den Verbänden der Anbieter von Gesundheitsleistungen Verträge abschließen und dadurch die Sachleistungserbringung für über 90 % der Bevölkerung organisieren. Durch diese Aktivitäten auf dem Markt der Leistungserbringung genießen die Kassen auch bei der Leistungserbringung im Rahmen der neuen Zusatz-Krankenversicherung Vorteile, die die privaten Krankenversicherungsunternehmen nicht haben. Die gesetzlichen Krankenkassen werden daher zu günstigeren Konditionen Sachleistungen erbringen können, als dies den privaten Unternehmen möglich ist. Dieser Umstand spielt zwar nicht bei der Leistung von Krankengeld, wohl aber bei der Leistung von Zahnersatz und von Krankenbehandlung im Falle von Unfällen, die nicht von der gesetzlichen Unfallversicherung erfasst werden, eine Rolle.

Die aus dem Sozialversicherungsmonopol resultierenden Wettbewerbsvorteile der gesetzlichen Krankenkassen auf dem Markt für neue Zusatz-Krankenversicherungen haben zur Folge, dass auf diesem Markt keine Chancengleichheit zwischen den gesetzlichen Kassen und den privaten Krankenversicherungsunternehmen besteht. Der Europäische Gerichtshof betont aber in ständiger Judikatur, dass ein System unverfälschten Wettbewerbs, wie es der EG-Vertrag vorsieht, nur gewährleistet werden kann, wenn die Chancengleichheit der einzelnen Wirtschaftsteilnehmer sichergestellt ist. Von Chancengleichheit kann aber dann keine Rede sein, wenn sich die gesetzlichen Kassen aufgrund ihres Sozialversicherungsmonopols auch auf dem benachbarten, aber getrennten Markt für die neue Zusatz-Krankenversicherung Wettbewerbsvorteile verschaffen können. Durch diese Wettbewerbsvorteile werden die privaten Krankenversicherungsunternehmen, die diese Tätigkeiten verrichten können, vom Markt für neue Zusatz-Krankenversicherungen verdrängt. Konsequenz der Wettbewerbsvorteile der gesetzlichen Krankenkassen ist aber nicht nur die mangelnde Chancengleichheit der privaten Krankenversicherungsunternehmen und ihre daraus resultierende Marktverdrängung, sondern auch eine Einschränkung des Absatzes zum Schaden der Verbraucher im Sinne des Art. 82 Abs. 2 b EGV.

Ermächtigt der Gesetzgeber die gesetzlichen Krankenkassen zum Anbieten der neuen Zusatz-Krankenversicherung im Wettbewerb mit den privaten Krankenversicherungsunternehmen, so wird dadurch infolge des den gesetzlichen Kassen zukommenden Sozialversicherungsmonopols eine Lage geschaffen, in der diese Unternehmen ihre marktbeherrschende Stellung missbräuchlich ausnutzen bzw. könnte durch eine solche Maßnahme eine Lage geschaffen werden, in der die Kassen einen solchen Missbrauch begehen. Darin liegt aber ein Verstoß gegen Art. 86 Abs. 1 und Art. 82 EGV.

Ebensowenig wie sich für ein die Zusatzversicherung betreffendes Monopol der gesetzlichen Krankenkassen eine Ausnahme vom Anwendungsbereich des Wettbewerbsrechts gem. Art 86 Abs. 2 EGV begründen lässt, ist für das im Wettbewerb mit den Krankenversicherungsunternehmen erfolgende Tätigwerden der gesetzlichen Kassen auf dem Markt für die neue Zusatzversicherung eine solche Ausnahme anzuerkennen.

3. Bedeutung des europäischen Rechts

Die beiden Beispiele haben gezeigt, dass die Veränderungen im Verhältnis von privaten und gesetzlichen Krankenkassen sich nicht nur am deutschen Wirtschaftsverfassungsrecht, sondern auch am europäischen Kartell- und Wettbewerbsrecht messen lassen müssen. Das europäische Recht, das nicht historisch vorbelastet ist, macht deutlich, welche Auswirkungen der Versuch zeitigt, die GKV durch Eingriffe auf dem Versicherungsmarkt auf Kosten der privaten Krankenversicherungen zu stabilisieren. Dies führt dazu, dass die GKV sich den Marktgesetzen unterwerfen muss und damit in die Gefahr kommt, ihre besondere Identität als Sozialversicherung zu verlieren. Gerade diejenigen, denen die soziale Krankenversicherung unverzichtbar im System sozialer Sicherheit erscheint, müssen sich diesen Trends widersetzen.

IV. Zukunftsperspektiven

Für das Verhältnis zwischen PKV und GKV wird das Gemeinschaftsrecht in Zukunft eine weiter wachsende Bedeutung erlangen. Ausgehend von der bisherigen Entwicklung sind zwei Optionen erkennbar.

(1) Wird die eingeleitete Politik einer Zuweisung von Aufgaben an die GKV fortgesetzt, die nicht primär von der sozialen Zielsetzung geprägt sind, so wird der

Unterschied zwischen beiden Formen der Versicherung weiter abgebaut. Die gesetzlichen Krankenkassen werden immer mehr als Unternehmen tätig werden. Ein Beispiel für diese Entwicklung ist Holland. Das bedeutet aber gleichzeitig, dass die GKV sich voll dem Wettbewerbs- und Kartellrecht unterordnen muss. Staatliche Privilegien, die als Beihilfen qualifiziert werden könnten, müssten abgebaut werden. Damit verliert die GKV ihre besondere soziale Ausprägung.

(2) Diese Entwicklung könnte nur vermieden werden, wenn die GKV sich strikt auf den Bereich konzentriert und beschränkt, der durch das soziale Schutzprinzip gekennzeichnet wird. Sozialer Ausgleich und Solidaritätsprinzip rechtfertigen eine Regelung durch den nationalen Gesetzgeber. Im Übrigen wäre der Schutz gegen das Krankenversicherungsrisiko der PKV zu überlassen.

Mit diesen Optionen übt das europäische Gemeinschaftsrecht einen mittelbaren Druck auf die sozialpolitische Entwicklung in Deutschland aus. Sie zwingt einen rational agierenden Gesetzgeber zu Weichenstellungen hinsichtlich der zukünftigen Entwicklung des Gesundheitssystems.

Literaturauswahl

Boetius, Jan, Die Finanzierungsgrundlagen in der Krankenversicherung, 1998.

Forsthoff, Ernst, Die Verwaltung als Leistungsträger, 1938.

Giesen, Richard, Die Vorgaben des EG-Vertrages für das internationale Sozialrecht, 1999.

Graf von der Schulenburg, J.-Matthias, Weiterentwicklung des gegliederten Krankenversicherungssystems durch eine Organisationsreform, 1992.

Greisler, Peter, Reden zur Reformperiode der privaten Krankenversicherung, 2002.

Haverkate, Görg/*Huster,* Stefan, Europäisches Sozialrecht, 1999.

Heinze, Meinhard, Europarechtliche Rahmenbedingungen der deutschen Unfallversicherung, in: FS W. Gitter, 1995, S. 355 ff.

Isensee, Josef, Subsidiaritätsprinzip und Verfassungsrecht. Eine Studie über das Regulativ des Verhältnisses von Staat und Gesellschaft, 1968.

Karl, Beatrix/*v. Maydell,* Bernd, Das Angebot von Zusatz-Krankenversicherung, 2003.

Klusen, Norbert (Hrsg.), Zuwahlleistungen in der gesetzlichen Krankenversicherung, 2003.

Leisner, Walter, Zur Abgrenzung von gesetzlicher und privater Krankenversicherung, 1974.

Marhold, Franz, Das europäische Wirtschaftsrecht und die Gesundheitsleistungen – Auswirkungen, in: Palm (Hrsg.), Gesundheitsleistungen ohne Grenzen in der Europäischen Union? 1999.

v. Maydell, Bernd, Sach- und Kollisionsnormen im internationalen Sozialversicherungsrecht, 1967.

v. Maydell, Bernd, Zur Kostenerstattung in der gesetzlichen Krankenversicherung, 1982.

v. Maydell, Bernd / *Scholz,* Rupert, Grenzen der Eigenwirtschaft gesetzlicher Krankenversicherungsträger, 1980.

Roth, Wolfgang, Versicherungsmonopole und EWG-Vertrag, in: Baur / Hopt / Mailänder (Hrsg.), FS E. Steindorff, 1990, S. 1313 ff.

Scholz, Rupert, Zur Wettbewerbsgleichheit von gesetzlicher und privater Krankenversicherung, 1991.

Scholz, Rupert / *Isensee,* Josef, Zur Krankenversicherung der Studenten, 1973.

Weidner, Victor, Zur Problematik privater und öffentlicher Daseinsvorsorge, in: ZVersWiss 1961, 141 ff.

Zacher, Hans, Krankenkassen oder nationaler Gesundheitsdienst? Die Eigenbetriebe der Versicherungsträger und die gewerblichen und freien Berufe im Gesundheitswesen der Bundesrepublik Deutschland. Dargestellt am Beispiel der Versorgung mit Brillen, 1980.

Ordnungspolitische und ökonomische Perspektive einer neuen Wettbewerbsordnung in der Krankenversicherung

Von Klaus Detlef Dietz

Nach fünfzehn Jahren voluntaristischer Gesetzesklempnerei auf einmal über ordnungspolitische Orientierung im Gesundheits- und Sozialwesen reden?

Stellen Sie sich nur einmal die Fragen vor, die beantwortet werden müssten, wenn es um Ordnungspolitik geht:

- Wenn es Aufgabe der gesetzlichen Krankenversicherung (GKV) ist, die Menschen gegen das Risiko Krankheit zu sichern, wieso eigentlich betreibt man mit der GKV zugleich Familienlastenausgleich (Stichwort kostenlose Familienmitversicherung)? Ist letzteres ordnungspolitisch nicht Aufgabe des Steuerrechtes?
- Wieso ist es Aufgabe einer Krankenversicherung, eine Umverteilung zwischen Reich und Arm vorzunehmen?
- Weshalb ist die deutsche Wiedervereinigung mit zu finanzieren?
- Wieso sind die Alters- und Arbeitslosenversorgungssysteme durch unangemessen niedrige Krankenversicherungsbeitragszahlungen zu subventionieren?

Die Liste der ordnungspolitisch notwendigen, aber doch wohl eher als deplaziert empfundenen Fragen ist lang! Und die Antworten auf diese Fragen beginnen immer mit dem gleichen Satz: Eigentlich haben sie ja recht, aber...! Wir sind ein bewegungsfaules Land geworden. In einer Gesellschaft,

- in der die zweistündige Verlängerung der samstäglichen Ladenöffnungszeiten mehrwöchige Gefühlswallungen auslöst,
- in der die Erhebung eines Dosenpfandes selbst gefestigte Charaktere zu einem zweimaligen Gang vor das Bundesverfassungsgericht bringt oder zu Reaktionen verleitet, die psychopathologische Relevanz haben könnten.

In einem Land, in dem mit 700-jähriger Verspätung durch eine Veränderung des Meisterprivilegs auch im Handwerk endlich das Mittelalter teilabgeschafft wird, da war ja selbst meine Kirche mit der Rehabilitation von Galileo Galilei noch schneller – in einem solchen Land hat es Ordnungspolitik schwer und ist das Beharrungsvermögen im vermeintlich Gemütlichen groß. Aber auch in einer solchen Gesellschaft müssen wir die ordnungspolitischen Fragen aufwerfen. Wir werden uns der notwendigen Diskussion nicht entziehen können. Wichtiger als die Antworten aber ist, dass wir diese Diskussion endlich beginnen.

Wer nicht erst seit gestern in Deutschland Gesundheitspolitik betreibt oder dort im Gesundheitswesen tätig ist und wer darüber hinaus über ein funktionierendes Erinnerungsvermögen verfügt, den lehrt seine Erfahrung, dass mit der Zahl der Jahre die Zahl der gesetzgeberischen Einwirkungsversuche auf das Gesundheitswesen erheblich ansteigt, vor allem aber dass sich die Abstände zwischen diesen Versuchen spürbar verkürzen.

Ich erinnere mich – um bei den wichtigsten zu bleiben –

- an das Krankenversicherungs-Kostendämpfungsgesetz von 1976,
- an das Krankenversicherungs-Kostendämpfungs-Ergänzungsgesetz von 1982,
- an das Gesundheits-Reformgesetz von 1989,
- an das Gesundheitsstrukturgesetz von 1993,
- an das 1. und das 2. Krankenversicherungs-Neuordnungsgesetz von 1996 und 1997,
- an das Solidaritätsstärkungsgesetz von 1998,
- an das GKV-Strukturgesetz von 2000

  und an
- das Beitragssatzsicherungsgesetz von 2003.

Wie gesagt: Das waren nur die wichtigsten.

Ich erinnere mich auch an die von den einzelnen Regierungen in unterschiedlicher parteipolitischer Zusammensetzung mit diesen Gesetzen verbundenen positiven Erwartungen. Wäre es nach diesen Erwartungen gegangen: In unserem Gesundheitswesen müsste alles zum Besten stehen. Aber es ging nicht um die Erwartungen, es ging um die Realität. Die Folgen, die diese Gesetzesversuche ausgelöst haben, waren höchst unterschiedlich. In jedem Falle aber enttarnten diese Gesetze unser System als robust – und zwar als robust in doppeltem Sinne:

- Einmal robust im Sinne von unempfindlich. Das bezog sich auf jene Gesetze, deren strukturverändernde Absichten an den tatsächlichen Verhältnissen weitgehend abprallten.
- Und robust im Sinne von belastbar. Das bezog sich auf jene Gesetze, bei denen es die eigentliche Überraschung war, dass hinterher überhaupt noch etwas funktionierte.

Ich möchte in diesem Zusammenhang an die erwähnten ordnungspolitischen Fragestellungen erinnern und an das, was unser System zwangsweise auch noch leisten muss, leisten muss jenseits der Krankenversicherung. Eines hat die Entwicklung jedenfalls gezeigt, und dies wäre der erste Rat aus der Sicht der privaten Krankenversicherung (PKV):

Die „Große Gesundheitsreform“ gibt es nicht, jenen Befreiungsschlag, der die Probleme auf einmal löst. Verzichten wir also auf gesundheitspolitische Kolossalgemälde und konzentrieren uns auf die evolutionäre Entwicklung des Systems. Gesundheitsreform, das ist die kontinuierliche Aneinanderreihung strategisch wirksamer und ordnungspolitisch eindeutiger Veränderungsschritte. Und noch eines hat diese Entwicklung gezeigt: Alle gesundheitspolitischen Räder sind bereits erfunden. Nichts ist wirklich neu. Das mag einen einzelnen rheinischen Wissenschaftler irritieren, aber es ist so. Selbst solche Eigentümlichkeiten wie die Bürgerversicherung sind nicht neu. Sie hießen früher nur anders. Man nannte das ehrlicherweise Volksversicherung, um deutlich zu machen, dass jeder und jede einzelne dort zwangsweise Mitglied werden musste. Heute also heißt das Bürgerversicherung. Aber glauben Sie mir: Hässliche Kinder werden durch Umtaufen nicht schöner. Wir brauchen keine neue alte Zwangsversicherung, sondern mehr Selbstverantwortung und Entscheidungsfreiheit. Hüten wir uns gerade im Falle der Gesundheitspolitik vor rückwärts gerichteten Debatten. Wir können ja vieles gebrauchen, nur eines nicht: eine Re-Ideologisierung unserer Gesundheitspolitik.

Bürgerversicherung! Welch ein Missbrauch von Begriffen. Der Bürger, citoyen oder citizen, der aus freier Verantwortung sich zu seinem Gemeinwesen bekennt und zu seinen Pflichten, der stolz darauf ist, dass er nicht gezwungen werden muss diese Pflichten wahrzunehmen, was hat ein solcher Bürger eigentlich mit einer Zwangsversicherung zu tun? Bundesregierung und Koalition haben ihre Ziele für die laufende Legislaturperiode auf der Titelseite des Koalitionsvertrages definiert. Sie lauten:

Erneuerung – Gerechtigkeit – Nachhaltigkeit.

Diese Zielsetzung ist aus unserer Sicht zu unterstützen. Die Regierung ist vor dem Hintergrund der derzeitigen wirtschafts- und sozialpolitischen Lage in Deutschland gut beraten, die eigens formulierte Zielsetzung mit allen Kräften zu verfolgen. Die Regierungsarbeit ist an dem Erreichen dieser Ziele zu bewerten.

Die für diese Legislaturperiode versprochene Beitragssatzstabilität in der Krankenversicherung konnte nicht erreicht werden, eine bedauerliche Feststellung, erst recht, wenn sie bereits nach 8 Monaten getroffen werden muss. Mittlerweile wurde das Beitragssatzsicherungsgesetz verabschiedet. Dessen Ziel war es, dass alle am Gesundheitssystem Beteiligten – vom Patienten über die Leistungserbringer bis hin zu den Kostenträgern – ihren Beitrag zur Systemstabilisierung leisten sollten. Ich wiederhole: Das Ziel ist bereits jetzt verfehlt, die Beiträge steigen auf breiter Front und werden weitersteigen.

Weiter gilt: Die GKV ist in schwerer See! Durch die Anhebung der Versicherungspflichtgrenze auf 3.825 € Monatsbruttoeinkommen vergrößerte das Beitragssatzsicherungsgesetz den Versichertenkreis der GKV. Der Sinn einer solchen Maßnahme erschließt sich nicht. Dass der Kapitän eines Schiffes in schwerer See zusätzliche Passagiere übernimmt, ist ungewöhnlich. Wenn er das in der Erwartung tut, dadurch werde sich der Sturm legen, sollte man ihm das Patent entziehen.

Auf diesem Wege ist etwa 750.000 Arbeitnehmern die Wahlfreiheit zur PKV genommen worden. Vor allem auch diese Maßnahme sollte mithelfen – so die Erwartung der Koalition –, die Beitragssätze für das Jahr 2003 zu stabilisieren. Diesen Erwartungen gegenüber stehen die Realitäten der vergangenen Wochen. Und die sind kümmerlich: Selbst von einer relativ kräftigen Erhöhung der Versicherungspflichtgrenze geht keine beitragsentlastende Wirkung für die GKV aus. Aber sie schadet der Leistungsfähigkeit der PKV. Die ausgabentreibenden Probleme im Gesundheitswesen sind unstrittig, vor allem sind sie bekannt. Erlauben Sie mir daher zum Beispiel die Fragen:

- Wie viel von den teuren aber überflüssigen Krankenhausbetten werden durch die Erhöhung der Versicherungspflichtgrenze eigentlich abgebaut?
- Welche der notwendigen Maßnahmen werden dadurch zur Qualitätsverbesserung und zur Steigerung von Effizienz und Effektivität eingeleitet?
- Welche Maßnahmen werden zur Intensivierung der Prävention eingeleitet?
- Wie wird die Neuordnung der ärztlichen Honorierung durch die Erhöhung der Grenze eingeleitet?
- Wie wird der teure und übersetzte Arzneimittelmarkt anders geordnet?
- Wie wird die dringend notwendige Umorientierung auf mehr hausärztliche Versorgung erreicht?
- Wie wird die teure und ausgabentreibende apparative Doppelversorgung im ambulanten und stationären Bereich vermieden?

Die Wahrheit ist: Keines der wirklichen Probleme im Gesundheitswesen wird durch Grenzenerhöhung oder gar deren Aufhebung gelöst. Ja es kommt – ausweislich der Berechnungen des Vorsitzenden des Sachverständigenrates Prof. Wille – noch nicht einmal zu wesentlichen Mehreinnahmen der GKV. Sollte man es sich in der Politik wirklich weiterhin schenken, nach dem Sinn solcher Maßnahmen zu fragen, wenn sie denn mehr sein sollten als Ideologie? Das Beitragssatzsicherungsgesetz, das die Beiträge erwiesenermaßen eben nicht gesichert hat, war nur eine Art Vorschaltgesetz, langfristige Ziele, dazu zählt insbesondere die Nachhaltigkeit, wurden auf die „große Reform“ des Jahres 2003 verschoben.

Was meint der viel zitierte Begriff der Nachhaltigkeit aber konkret?

> „Nachhaltigkeit bedeutet, den Bedürfnissen der heutigen Generation zu entsprechen, ohne die Möglichkeiten künftiger Generationen zu gefährden, ihre eigenen Bedürfnisse zu befriedigen.“

Die Definition verdeutlicht, dass derjenige, der über Nachhaltigkeit spricht, sich auch mit der demographischen Entwicklung auseinandersetzen muss.

Ich habe manchmal den Eindruck, dass das demographische Problem gerne – zumal von den Kollegen der GKV – kleingeredet wird; die Zahlen sprechen eine andere Sprache, sie zeigen eindeutig, dass eine Problemverdrängung eigentlich unverantwortlich ist. Die Gesamtbevölkerung wird bis 2050 nicht nur deutlich abnehmen. Sie zeigt auch, dass die Anzahl der Älteren in der Gesamtbevölkerung dramatisch ansteigen wird. Die Rentnerzahl verdoppelt sich nahezu, während die Anzahl aktiv Versicherter deutlich zurückgeht. Folglich wird sich der Beitragsdruck auf die jüngeren, aktiv Versicherten vehement verstärken.

Problemverstärkend ist überdies, dass sich die demographische Entwicklung gleichsam doppelt auswirkt. Es verschiebt sich nicht nur die Relation „Jung – Alt" zu den Älteren hin, die Alten werden durch steigende Lebenserwartung auch älter. Mit steigendem Lebensalter wächst aber zugleich der Bedarf an Gesundheitsleistungen.

Die Umlagefinanzierung der GKV bietet keine Lösung zur nachhaltigen Bewältigung des demographischen Problems. Schon heute weist die Krankenversicherung der Rentner isoliert betrachtet ein jährliches Defizit von über 30 Mrd. € auf, das die aktiv Erwerbstätigen mitfinanzieren müssen. Weitere Tendenz: Deutlich steigend. Singulär betrachtet, wird die demographische Entwicklung in der GKV einen Beitragssatzanstieg von bis zu 6 Beitragssatzpunkten hervorrufen. Wenn nichts geschieht, dann werden hier – analog der Staatsverschuldung – gewaltige Beträge auf die Schultern nachwachsender Generationen geladen. Das ist schon erstaunlich in einem System, das sich so nachdrücklich seiner solidarischen Wirkungen rühmt. Die Vertreter dieses Systems vergessen: Solidarität hat einen intergenerativen Aspekt. Wer die finanzielle Bewältigung seiner Alterslast stets anderen, den Kindern oder Enkelkindern, überlässt, ohne selbst etwas zu tun, handelt unsolidarisch. Wir kommen deshalb nicht umhin, in der Krankenversicherung insgesamt eine neue Balance zwischen Umlagefinanzierung und Kapitaldeckung herbeizuführen. Zur Entlastung der nachwachsenden Generationen brauchen wir mehr Kapitaldeckung in der Krankenversicherung.

In der PKV werden die Prämien nach dem Äquivalenzprinzip kalkuliert. Entscheidend für die Prämienhöhe sind die Determinanten Lebensalter und Gesundheitszustand bei Versicherungsbeginn, das Geschlecht sowie der Umfang des gewählten Versicherungsschutzes. Die vier genannten Aspekte werden versicherungsmathematisch so aufgearbeitet, dass die Beiträge – konstante Gesundheitspreise vorausgesetzt – bis ins Rentenalter konstant bleiben können. Dies bedeutet auch, dass in jungen Jahren Teile des Beitrages für die kostenintensiven späteren Jahre in Form von Alterungsrückstellungen zurückgelegt werden.

Die Alterungsrückstellungen der privaten Krankenversicherungsunternehmen wurden zwischen 1991 und 2002 von 17,21 auf 76,00 Mrd. € mehr als vervierfacht. Würde man das Verhältnis von 76 Mrd. € bei 8 Mio. Versicherten auf die GKV übertragen, wären dort Alterungsrückstellungen von 700 Mrd. € erforderlich! Die aber gibt es nicht.

Ich will hier zunächst nicht für die Ansammlung einer solchen Summe plädieren, sondern auf die Last aufmerksam machen, die zu finanzieren sein wird. Die gesamte Last wird auf die jüngeren Generationen verlagert. Muss man wirklich darauf hinweisen, dass dies eine kaum zu schulternde Aufgabe ist?

Was sich für den einen oder anderen theoretisch anhören mag, hat seine praktische Bewährungsprobe längst bestanden: in der privaten Pflegepflichtversicherung.

Seit ihrer Einführung in der ersten Hälfte der Neunzigerjahre konnten deren Prämien schon dreimal gesenkt werden. Die private Pflegepflichtversicherung hat mittlerweile Alterungsrückstellungen in Höhe von 10 Mrd. €. Ich wage die Prognose, dass es hier zu weiteren Prämiensenkungen kommen wird. Im Vergleich dazu bedeutet es für die soziale Pflegeversicherung: Diese wird ihre anfänglich vorhandenen Rücklagen bald aufgezehrt haben und dann zwangsläufig entweder zu Beitragssatzerhöhungen oder zu Leistungskürzungen greifen müssen. Auch hier steuern wir auf ein Problem zu; das wird schwerwiegender als das in der Krankenversicherung. Der Beweis, dass das Kapitaldeckungsverfahren im direkten Vergleich und im Hinblick auf die langfristige Finanzierungssicherheit der Umlagefinanzierung überlegen ist, muss nicht erst erbracht werden; er liegt vor.

Noch einmal zurück zum Begriff der Solidarität. Ich wiederhole: Solidarität ist mehr als der Ausgleich zwischen gesund und krank, arm und reich oder jung und alt. Solidarität hat stets einen intergenerativen Aspekt. Es ist unsolidarisch, heute zu konsumieren und den nachfolgenden Generationen die Bezahlung der Rechnung zu überlassen. Das gilt nicht nur in der Steuer- und Finanzpolitik, sondern auch in der Gesundheits- und Sozialpolitik. Mehr Nachhaltigkeit heißt mehr Kapitaldeckung. Bei der Frage, wie man das Mehr der Kapitaldeckung erreichen kann, möchte ich auf zwei Gesichtspunkte eingehen.

- Zum einen: Ist der direkte Einbau kapitalgedeckter Elemente in die GKV denkbar?
- Zum anderen: Ist durch Ausgrenzung von Leistungen aus der GKV und ihre Überführung in eine private Versicherung eine stärkere Kapitaldeckung im System erreichbar?

Ich glaube, die Antwort auf die erste Frage ist ein klares Nein. Kapitalgedeckte Elemente gehören nicht in die GKV, sondern an deren Seite, also neben die GKV. Womit wir bei der zweiten Antwortmöglichkeit wären, bei der Überführung ausgegrenzter Leistungen in eine kapitalgedeckte Privatversicherung. In Teilen der Politik, in Teilen der Regierung wie in Teilen der Opposition wird das unzweifelhaft angestrebt. Allerdings: Dass die Ausgliederung von Leistungen zugleich zum Aufbau von Altersrückstellungen, also zum Einstieg in die Kapitaldeckung genutzt werden sollte, ist bisher leider keine einheitliche Meinung. Obwohl das doch den eigentlichen Sinn einer solchen Operation ausmachte. Es gibt die ernstzunehmende Vorstellung, *diese* auszugliedernde Leistung den Trägern der GKV in anderer Weise zu übertragen.

Wenn man Leistungen aus der GKV und ihrer Solidargemeinschaft ausgliedern und sie dann in eine umlagefinanzierte Neben-, Über- oder Untersolidargemeinschaft überführen würde, stellt sich doch die Frage, warum man sie denn überhaupt erst ausgegliedert hat. Welchen Sinn sollte es machen, zwei GKV'en statt einer zu bilden. Das, was man uns in diesem Zusammenhang regierungsseitig im GMG unter dem Stichwort „Die Versicherten bezahlen zukünftig das Krankengeld selbst" präsentiert hat, ist unter systematischen Gesichtspunkten nicht begründbar. Dass die Versicherten ihr Krankengeld zukünftig allein bezahlen sollen, steht nicht im Gesetz. Belegbar im Gesetzestext ist einzig und allein das Ziel, die paritätische Finanzierung der GKV aufzuheben. Nur das steht schwarz auf weiß im Gesetzentwurf. Alles andere ist Deutung. Frage also: Wer etwas ausgrenzen will, schafft die paritätische Finanzierung ab. Ist das logisch?

Wer stattdessen behaupten würde, nicht das Krankengeld, sondern die vom Ausgabevolumen hier vergleichbaren privaten Unfälle sollten die Versicherten alleine bezahlen, der hätte ja auch recht. Dies zeigt, zu welch unsinnigen Ergebnissen unklare Entscheidungen führen. Man hat gewollt, sich dann aber nicht getraut. Ausgrenzung und Finanzierung in privater Verantwortung erreicht man nur, wenn man es wirklich macht und nicht, indem man zu klimmzugähnlichen Gesetzeskonstruktionen greift, die zu etwas ganz anderem führen. Wenn Versicherungspflicht für ausgegliederte Leistungen besteht – für den einen oder anderen sicherlich ein gewöhnungsbedürftiger Gedanke –, dann kann die PKV für die Versicherung der ausgegliederten Leistungen die sozialpolitisch erforderlichen Rahmenbedingungen bieten. Versicherungspflicht würde ermöglichen, dass die PKV einen Kontrahierungszwang akzeptierte und auf Risikoprüfungen sowie Risikozuschläge verzichtete. Die Prämien könnten geschlechtsneutral kalkuliert werden. Da die Prämienkalkulation im Kapitaldeckungsverfahren im Wesentlichen durch das Eintrittsalter determiniert wird, würde ein sozialpolitisches Umlageelement in die Kalkulation eingehen. Dadurch würden Gruppen mit älteren Versicherten bei einem Systemwechsel nicht zu stark belastet. Die Differenz zwischen diesem und dem risikoadäquaten Beitrag würde auf das restliche Versichertenkollektiv umgelegt. Zudem wäre die PKV *in diesem Falle* bereit, den Unternehmenswechsel zu erleichtern und bei einem Anbieterwechsel das Eintrittsalter des Erstvertrages maßgeblich sein zu lassen.

Ausgliederungs-Beispiel Zahnersatz:

Darüber ist in den letzten Wochen intensiv diskutiert werden. Wir haben diesbezüglich ein eindeutiges Angebot vorgelegt:

- Jeder Bürger wird für 7,50 € in der PKV versichert,
- Kinder sind dabei beitragsfrei mitversichert,
- jeder Versicherte wird angenommen, und zwar ohne Risikozuschlag,
- vorhandene Prophylaxe-Boni aus der GKV können übernommen werden.

Unser Angebot ist auf der Grundlage der GKV-Ausgaben, basierend auf den hochgerechneten Zahlen von 2004, berechnet worden. Ein Sicherheitszuschlag wurde eingerechnet. Die Branche hat also ein solides Angebot für die gesamte Bevölkerung vorgelegt, das zuverlässig auf der Grundlage der bestehenden Rechtsvorschriften kalkuliert ist. Die Ausgliederung des Zahnersatzes aus der GKV ist ein echter Beitrag zur Steigerung der Eigenverantwortung und zur Entlastung der Lohnnebenkosten.

Erlauben Sie mir eine abschließende Bemerkung zur Frage, ob solche Zusatzangebote auch durch die GKV vorgenommen werden können sollen – so wie die GKV es heftigst reklamiert.

Wir haben diese Fragestellung ausführlich untersuchen lassen. Ein Rechtsgutachten der Professoren von Maydell und Karl dazu liegt vor. Dieses Gutachten ist wie alle seiner Art dick und im Rahmen eines Vortrages nur begrenzt zitierbar. Allerdings ist das Ergebnis eindeutig.

Und das lautet:

- Zusatzversicherungen *allein* durch die GKV anbieten zu lassen und der PKV zu verbieten, wäre verfassungswidrig. Ein solches Angebot wäre als Eingriff in die Berufsfreiheit unserer Unternehmen und als Eingriff in den Gleichheitsgrundsatz zu bewerten.
- Ein *simultanes* Angebot von Zusatzversicherungen durch GKV und PKV wäre ebenso wenig zulässig, denn der GKV entstünden wettbewerbswidrige Vorteile steuerrechtlicher und anderer Art.
- Europarechtlich handelte es sich um eine nicht erlaubte Ausweitung des Sozialversicherungsmonopols der öffentlichen Hand, die das Ziel verfolgte, private Anbieter zu verdrängen.

Die PKV ist bereit, Zusatzversicherungen für alle aus der GKV ausgegliederten *Leistungen anzubieten*. Dies wäre ein wichtiger Schritt in Richtung einer neuen Balance zwischen öffentlich-rechtlichen Krankenkassen und privater Eigenvorsorge durch privaten Versicherungsschutz. Und nicht zuletzt wäre dies auch ein wirksamer Beitrag für mehr Nachhaltigkeit.

Erlauben Sie mir nur eine abschließende Bemerkung zur Frage von Risikostrukturausgleich (RSA) und Wettbewerb.

Es gibt einige in diesem Land, die das, was im RSA derzeit abläuft, gerne noch steigern möchten. Gefordert wird die Einbeziehung der PKV in den RSA. Ich versage es mir, auf solchen systematischen wie inhaltlichen Unfug überhaupt einzugehen. Das gehört unter das Rubrum: So etwas dementiert man noch nicht einmal.

Ich will Ihre Aufmerksamkeit vielmehr auf einen anderen Gesichtspunkt lenken: Sind wir überhaupt wettbewerbsfähig? Das ist eine gefährliche Frage; eine Frage, die uns zielgerichtet in die Irre führt.

Eigentliches Ziel des Lahnsteiner Kompromisses von 1992 war die Implementierung von Wettbewerb in den System-Wettbewerb zwischen GKV und PKV (den gab es schon), vor allem aber Wettbewerb in der GKV. Instrument war die Öffnung aller Kassen für alle Versicherten; letztere sollten sich also ihre Kasse selbst aussuchen können. Die Abstimmung mit den Füßen – an und für sich ein im Wettbewerb nicht nur normaler, sondern ein für ihn konstitutiver Vorgang. Diese Abstimmung mit den Füßen schließt ein, dass es im Ergebnis bei den Krankenkassen Gewinner und Verlierer geben wird und dass einige Krankenkassen den Abstimmungsprozess nicht überstehen werden, sondern geschlossen werden müssen. Man war sich einig: Der Wettbewerb unter den Kassen schließt Bestandsgarantien aus! Dass dies dann doch wohl nicht so ernst gemeint war, merkte man, als es einigen Politikern dämmerte, welche politischen Folgen es haben könnte, wenn einige weniger leistungsfähige Kassen oder Kassenarten wirklich im Wettbewerb eliminiert werden würden. Flugs wurde die Forderung kreiert, der Wettbewerb müsse aber gerecht sein und deshalb müssten die, die noch nicht wettbewerbsfähig seien, wettbewerbsfähig gemacht werden.

Welche Absonderlichkeit! Wir sind doch nicht beim CVJM, sondern in der Ökonomie. Und da geht es beim Wettbewerb nicht um Gerechtigkeit, sondern um Leistungsfähigkeit. Der Leistungsfähigste soll sich durchsetzen – und das kann manchmal sehr ungerecht sein und so empfunden werden. Gleichwohl – weil man einige noch nicht wettbewerbsfähig wähnte, mussten sie es gemacht werden! Ergebnis: Der RSA war geboren.

Das war vor fast zehn Jahren! Das eigentliche Ziel, nicht Wettbewerbsfähige wettbewerbsfähig zu machen, spielt längst keine Rolle mehr. Der RSA hat sich verselbständigt zu einer ständig monströser werdenden Umverteilungsmaschinerie, die – wie heißt das heute – verfeinert werden muss.

Ich wage die Prognose: Dieser Unsinn wird erst aufhören, wenn der Zusammenhang zwischen Beitragseinnahmen und Leistungsfähigkeit einer Krankenkasse völlig aufgelöst sein wird. Und weil das schon erkennbar ist und zur Herstellung von volksbeglückender so genannter Gerechtigkeit immer noch nicht ausreicht, sollen auch noch die Privaten herangezogen werden.

Hüten wir uns also, den Beginn des Wettbewerbs von der Wettbewerbsfähigkeit aller Teilnehmer abhängig zu machen. Wer das tut, der landet im Gegenteil!

Verfasserverzeichnis

Klaus Detlef Dietz, Geschäftsführer des Verbandes der privaten Krankenversicherung e. V., Büro Berlin.

Professor Dr. *Ferdinand Kirchhof,* Lehrstuhl für Öffentliches Recht, Finanz- und Steuerrecht, Jean-Monnet-Chair for European Fiscal Law, Eberhard-Karls-Universität Tübingen; Richter des Staatsgerichtshofes für das Land Baden-Württemberg.

Professor Dr. *Bernd Baron von Maydell,* vorm. Direktor des Max-Planck-Instituts für ausländisches und internationales Sozialrecht München.

Hildegard Müller, MdB, Mitglied des Präsidiums der CDU Deutschlands und der CDU/CSU-Bundestagsfraktion, Berlin.

Professor Dr. *Rainer Pitschas,* Lehrstuhl für Verwaltungswissenschaft, Entwicklungspolitik und Öffentliches Recht an der Deutschen Hochschule für Verwaltungswissenschaften Speyer.

Manfred Schulz, Vorstand der Betriebskrankenkasse der BMW AG, Dingolfing.

Professor Dr. *Helge Sodan,* Lehrstuhl für Staats- und Verwaltungsrecht, Öffentliches Wirtschaftsrecht und Sozialrecht an der Freien Universität Berlin; Präsident des Verfassungsgerichtshofes des Landes Berlin.